大夏书系 | 语文之道

语文课堂
深度修炼

程春雨 著

华东师范大学出版社
·上海·

目 录
Contents

序　一个语文教师的深度修炼 / 001

第一章　夯实语文课堂深度修炼的根基

第一节　利用提问让学习真实发生 / 003

第二节　用兴趣打开语文学习之门
　　　　——从一个孩子的学习经历说起 / 019

第三节　问题·活动·情境：深度教学的三要素 / 030

第二章　语文教师专业素养的深度修炼

第一节　对深度学习的深度思考 / 047

第二节　文本的深度解读之审美解读
　　　　——以《春》为例 / 059

第三节　文本的深度解读之文本细读
　　　　——以《周亚夫军细柳》为例 / 066

第四节　文本的深度解读之主题挖掘
　　　　——以《醉翁亭记》为例 / 070

第五节　基于深度学习的教学实施
　　　　——以《咏雪》为例 / 078

第六节　深度学习与立德启智
　　　　——兼谈初中语文的育德问题 / 090

第三章 单元教学：让核心素养在深度学习中落地

第一节　核心素养视域下的单元教学设计与实施建议 / 105

第二节　基于创造取向的单元学习设计
　　　——以部编版语文教材九年级下册第一单元为例 / 123

第三节　基于大概念的单元学习设计
　　　——以部编版语文教材九年级下册第二单元为例 / 141

第四章 跨学科教学：探索学科边界，走向课改深处

第一节　立足学科实施跨学科教学 / 153

第二节　跨学科学习设计案例 / 167

后　记 / 181

序　一个语文教师的深度修炼

武侠小说中，当武功到了需要突破的境界，习武者一般会选择闭关修炼。这种闭关修炼不同于王阳明对着竹子"格物"，而是通过静心思考自己过往的实践经验，再将术与道提升到一个新的境界。教师这个职业，也是讲究术与道的，所以，在教学一定时间后也需要进行深度修炼。

《语文课堂深度修炼》就是我经过三年的实践后（自2020年我的第一本书《研究型教师的成长力量：经典文本解读与高品质教学》出版后）整理出来的成果。它不仅记录了我三年来对课堂的理解和实践，更呈现了一个教师专业成长的内在逻辑。

首先是关于教学理念的修炼，主要体现在第一章中。这一章旨在强调一个问题：教育的目的不仅是帮助学生解决问题，更在于能否教会他们提出问题。教师的深度修炼，就是要先突破这一关——从给思路、给方法、给答案，到培养提问的环境、教会提问的方法、提供提问的时间和空间。把课堂真正还给学生，不只是上课摆摆样子、搞搞形式，而应该在日常教学中实实在在、有方法地让学生站上属于自己的"舞台"。这是理念的问题，也是需要勇气的举动。当教师把提问的权利和能力真正交给学生的时候，也就意味着把他们培养成了自己的"对手"。随着学生提问能力的不断提高，便会倒逼教师不断研读教材、精心设计教学，为打通"任督二脉"积攒力量和灵感。

其次是关于教学技能的修炼，体现在第二章中。这一章旨在说明语文教师专业的深度修炼必须以文本解读为基础。文本解读是语文教师站住讲台的底气所在，拿着"教参"连同别人的教案、课件站在讲台上和自己花时间研读文本、设计教学环节后站在讲台上的感觉是不一样的。前者往往会感到心虚而希望尽快结束课程，后者往往是胸有沟壑，信心十足。这一章主要以《春》《周亚夫军细柳》《醉翁亭记》等课文的文本解读的实例为主，从审美、细读、深挖等几个方面谈如何解读文本，然后再结合《咏雪》的课例谈如何实施"基于深度解读"的教学。本章的最后一节，我又拓宽了"深度教学"的含义——旗帜鲜明地树起"德智融合"的大旗。"深度学习"不仅需要深厚的文本解读功底，更需要正确的教学观，"文本"的深处是"思想"，教育的归处是育人。

对于习武者而言，"道"是内功心法，"术"是武术招式，只有内外兼修，才能打通"任督二脉"，成为真正的高手。对于教师来说也是如此，只有达成"道"与"术"的统一，才能为接下来的境界提升打下坚实的基础。

再次是关于教学方法论的构建，体现在第三章。这一章主要阐述了我对大单元教学的理解和实践，其中从单篇教学走向单元教学设计的思维模型，是我从自己长期实践中提炼出来的方法论。对我而言，深度修炼的进阶之路应该是"感觉—方法—经验—方法论—实践"的不断反复，通过不断横向与纵向的发展，最终形成教学方法论的体系。例如，在"基于创造取向的单元学习设计"中，我提出了整体感知、内容分析、审美欣赏和写法提炼四个教学步骤，让诗歌教学的层次清晰明确；在"基于大概念的单元学习设计"中，我提炼出在学科大概念的统摄下，以核心问题为主，将语文学习要素、学生的学习行为以及最终的学习评价紧密联系起来的设计模型。

最后是关于教学边界的探索，体现在第四章。梅子涵在《走路要走很久》中说："一直到现在，在文学中，我写下的每一个字都虔诚，其实是我明白，我还并没有到。到了，并没有到，这是一个更深的哲学。""到了"可以理解为"成功"，"没有到"不是没成功，而是不满足于现状。人生已经收获成功，但是不能止步不前。因此，语文教师也好，其他学科的教师也罢，无论自以为达到了何种境界，都不能停止前行的脚步。而不停止学科研究脚步的最好的方向，可以是向学科内部的钻研，也可以是向学科外部边界的探索。在书中第四章，我选择了做一些新的尝试——向跨学科教学展开探索。其实，我的教学实践一直与"跨学科"教学的理念有着千丝万缕的联系，在这一章，我将跨学科教学设计和实施与日常教学提炼的方法结合起来，总结出"明确两种关系"和"利用三个要素"的实践方法。

综上所述，三年来，我一直沿着这条深度修炼之路，在道与术的理解上不断地修炼着。现在我把这条路径分享出来，是希望有更多的人能够走向教师自身的专业发展之路，有更多的人能循着这条路提升自己的专业素养，让更多的人能够底气十足地站上讲台。

程春雨
2024 年 1 月

第一章

夯实语文课堂深度修炼的根基

第一节
利用提问让学习真实发生

一、无问不学

过去十年我一直潜心研究语文教学。我研究过"支架式教学"和"抛锚式教学",也研究过文本解读与教学转换,还研究过"学习共同体"对语文教学的影响。在研究的过程中,我发现无论何种理论或者学习形式,如果不改变课堂中的"师生关系"以及"教学形式",到头来不过是旧瓶装新酒罢了。老师的进步并不意味着学生的成长,要想让学生同老师一起提升,就必须改变老师教学生学、老师讲学生记、老师问学生答的教学模式。

我们要把语文这根珍贵的"人参"重新埋进土里,移栽到深山之中,然后让学生自己带着工具和攻略,像寻找宝藏一样越过层层的阻碍,发现文章的玄机和文学的美。

根据我的观察和研究发现,学生变被动接受为主动探究,关键是能否遇到一个自己感兴趣的问题。我一直认为,提出问题是学习的起点。在教学上,教师组织教学的起点,也是让学生从被动的听和记(读)到主动的提问和探究的关键步骤,是教会学生如何提出问题。正所谓"君子之学必好问""非问无以广识"。

二、学会提问

从我的经验来看,教会学生提问需要解决以下几个问题。

(一)没有问题

这是初中阶段的学生普遍存在的一种学习现象。无论是哪个学科,只要老师问"同学们有什么问题吗",大家大多是低头不语或者默不作声,表示"我都会了"。怎么可能都懂了呢?只是学生都不愿意提问罢了。在这种情况下,学生一般有这样几种心理:(1)还是别问了,问得不好还会招来大家的嘲笑。这是比较胆小的同学的学习心态。(2)有什么好问的,这么简单的内容我早就理解了。这是比较优秀的学生的心理。(3)老师平时也没让我们提问啊,今天怎么让提问题,太突然了,先看看情况再说。这是中等生的心态。而对于想提问题的学生,一看大家都沉默,就想着还是不要没事找事了,也就不再问问题了。很明显,在学生心中,提问是一件"危险"的事情,在他们觉得提问的氛围(环境)不够安全的时候,保持沉默就是最安全的。

要解决这个问题,关键还在老师。要了解学生的心理状态,可以做个小问卷调查,了解学生的真实想法,才能"对症下药"。就以上的几种心理来说,直接原因是班级没有形成提问的氛围,根本原因是老师对于问题的忽视——学生可以没问题,老师有问题就可以了;上课是解决老师的问题,不是学生的;学生能提出什么好问题?都是浪费时间——这些想法老师们虽然嘴上不说,但是会在教学中表现出来,学生长时间观察后自然会了解老师的想法,所以不提问题也就不足为奇了。说到底,提问是教师的个人教育哲学、个人教育理念的体现。"讲"是传统教学的主要手段,突然让学生提问,老师们不但不适应,也会感到"不安全"。所以解决没有问题的关键又要分两步走:

首先,老师要改变自己的教育哲学和教育理念,由牵着学生走改变为支持学生走。迈出这一步其实是非常艰难的，尤其是对一些习惯了用PPT和现成教案的老师们来说，改变需要勇气，更要付出代价。但这个代价却未必能换来学生的高分，所以会有相当一部分老师在做出改变后又走回"老路"。对于新入职的年轻教师来说，可能需要先练好自己的基本功，摸清教学流程，跟学生建立起良好的师生关系，不要让自己和学生产生隔膜。在一两年内适应了岗位，明确了职责，有了想法和能力，可以腾出手来做专业研究后，再选择这样的理念也不晚。

我这里是想说给中青年教师和一部分有教育热情与理想的老教师们听：我们是教育的中流砥柱，是学生成才的基石。培养合格的社会主义接班人，不只是让他们具备一定的知识和技能，比这个更重要的，是教会他们辨别是非、真假、善恶、美丑；教会他们理性地看待问题、客观地分析问题、最大可能地解决问题；教会他们既有独立的思想和人格，又有探究的意识和合作的能力；教会他们如何倾听和表达，如何爱生活和爱自己。有了这样的思想，就有了克服一切困难的动力，也就不会害怕学生提出的问题自己能否解决这种未知带来的恐惧和不安了。为了让自己的学生更好，教师就要变得更强大、更刻苦、更用心、更专业。

其次，是改变学生的固有的阅读习惯和听课习惯。如果可以的话，应该从小学起就鼓励学生提出问题。初中阶段是学生阅读习惯养成的关键时期，这一阶段爱读书是好事，但也要让学生有问题意识——或是发现问题，或是探究问题，若能尝试自己解决问题，那就更好了。教师在上课时要允许学生提问，并给出一定的时间让学生去探究和解决所提出的问题，要鼓励提出问题的学生，哪怕所提问题是幼稚、可笑甚至是错误的，教师都要敞开心胸去接纳。因为学生需要的不只是结果，还有过程。教师要保护学生的求知欲，要帮助他们树立提问的信心。随着教师不断对提问同学的肯定和回应，慢慢地就会有越来越多的学生参与提问、敢于提问。其实，学生缺少的不是阅读量，也不是思维能力，而是一个适合提问的氛围和机会。良好的提问氛围形成了，这时候的提问就是"安全"的，不提问反倒是"不安全"的了。

为了让提问为学生的思维发展和成长服务，还需要课上与课后相配合。既然提出了问题，而课上又无法一一解决，那么只能留到课后。同时要培养学生合作探究的意识，一个人解决不了，那就找和自己有同样问题或者困惑的同学，组成合作团队，利用课余时间继续探究。教师和家长也可以参与其中，为学生保驾护航。教师不只是在课上支持学生，课后也要给他们专业的支持，保证学生可以通过问题，不断深入研究文本，让他们在好奇心的驱动下，不断地向文本深处探寻。

（二）不会提问

"不会提问"包括问题表述不清不明、问题偏离文章内容、天马行空地乱问以及避重就轻问不到关键点等几个方面，这也是导致学生"没有问题"的另一个重要原因。如果说"不敢问""不愿问"靠氛围的营造和习惯的养成就能解决，那么"不会问"就涉及学生的阅读能力和提炼能力了。与前者相比，后者更难解决。

要解决这个问题，首先，教师要让学生知道，哪些内容可以问，问题应该如何提出才能清晰明了。简而言之，就是与文章主要内容有关又是自己感兴趣的问题，或者感到困惑的问题，但一些为了提问而随便找的问题，就没必要在上课的时候提出来并花大力气去解决。例如，《木兰诗》中说："东市买骏马，西市买鞍鞯，南市买辔头，北市买长鞭。"这段看似拖沓累赘的叙述，传递了这样几个信息：（1）当时木兰居住的地方，集市遍布东西南北，这与白居易《卖炭翁》中的"市南门外泥中歇"有相似的情况。古代的集市为什么不在中心而在四周？这个问题就与文章的主要内容无关，也不是语文课要解决的问题，如果学生感兴趣可以课后探究。（2）卖马的地方怎么会没有马鞍、辔头和长鞭呢？木兰准备的物品怎么需要这么奔波？这个问题看似是从课文中来，但却与这首诗的主题和学习这首诗的真正目的相去甚远，研究这个问题就偏离了教学目标。排除了这两个问题，那该如何针对这句话进行提问呢？我们可以关注在这样的互文的表达方式背后，作者所传递的信息：为什么要不厌其烦地写木兰准备这些东西？仅仅是为了押韵吗？是为了介绍木兰所买的物品吗?

兴趣与问题是一对好伙伴,从认知心理学的角度看,学生不但对已知的事物感兴趣,更对未知的事物充满好奇。利用这种心理,教师在教学生如何提问的方法的同时,也可以利用那些学生似是而非、似懂非懂的内容进行设问,引发学生的认知冲突,激发他们的兴趣。

其次,要让学生知道哪些方面的问题与文章相关,该如何区别这些问题的质量和优劣。从提问的方向看,大致可以分为整体把握和局部研读两个方面。从问题的难易程度看,可以分为一般性问题和挑战性问题。整体把握方面的问题可以是内容、文章结构、写作手法、主旨(情感)等;局部研读方面的提问可以针对细节描写、语言表达形式、段落作用等。这些问题可以根据提问语言的提示进行提问,属于规范化的一般性问题。

在提问一般性问题时,提问的具体内容和方式可参考下表。

一般性问题的提问内容与方式

方　向	提问内容		表达的示例
整体把握	内容	事件(情节)	本文讲述了哪几件事(哪些情节)?
		形象(品质)	塑造了怎样的形象(具有哪些品质)?
	文章结构		这些事件是如何组织(串联)起来的?
	写作手法		运用了什么写作手法?
	主旨(情感)		表达了作者怎样的主旨(情感)?
局部研读	细节描写	人物	写人物的某种行为表现的目的是什么?
		细节	描写……细节有何作用?
		环境	描写……环境有何作用?
		故事情节	……情节在文中有何作用?
	语言表达形式		为什么用这样的句式、修辞、词语等表达?
	段落作用		……段落有何作用?

例如,《秋天的怀念》这篇文章,学生可以提问:这篇文章作者想表达什么?(这是个关涉主旨的问题)也可以提问:"邻居们把她抬上车时,她还在大口大口地吐着鲜血。我没想到她已经病成那样。看着三轮车远去,也绝没有想到那竟是永远的诀别。"文中反复出现"没想到"和"绝没有想到",表达了作者什么样的情感?(这个问题是关于语言表达形式的)这些问题可以根据提问的提示语,结合文章内容表述即可,绝大多数的文章都可以用这样的方式提问。这种规范性的问题是针对文章的共性特征进行提问的,对提问者的要求比较低,只需要了解文章内容即可,适合刚开始学习提问的同学以及阅读能力比较薄弱的同学使用。但要注意的是:无论是关于哪一方面的问题,都必须围绕文本内容,不能偏离或者脱离文本。

另一种提问的形式是提挑战性的问题。这类问题直指文本的核心特征,需要学习者细致地阅读,对文章有相对深刻的理解,才能提出具有挑战性的问题。虽然这种提问的方式要求比较高,但也是有方法可借鉴的。到目前为止,我与学生使用最多的,也是最有效的一种挑战性问题的提出方法是,抓住文章中反常或矛盾的内容进行提问。何为反常和矛盾?与常识、常情、常理、常规相违背的内容就是"反常";矛盾可以理解为,作者前后表述自相矛盾、内容前后矛盾等。

一般来说,对于不同文体的文章,所关注的重点是不同的。例如,散文注重抒情,所以在提问的时候可以关注作者前后情感的变化,这种变化往往是反常或者矛盾之所在。比如,《背影》这篇叙事性的散文,在阅读时可以关注"我"的情感转变,以及导致这种转变的原因。这个问题既是这篇文章的特征,也可以代表这一类文章的特点:以人物情感的变化为线索,串联整篇文章。循着这条线索,就可以走进作者的情感深处(理解作者表达的情感)。按照学一篇知一类的原则,可以推而广之,同一类型的文章(如《秋天的怀念》《老王》等)就可以用这样的提问方式:作者的情感发生了怎样的变化?导致情感变化的原因是什么?这些文章都有一个共性,即文章前后作者的情感发生了巨大的变化,而导致这一变化的原因又都在于文章中所写的人。例如,《背影》是写"我"对父亲从不理解到理解的过程,《秋天的怀念》是写

"我"对母亲对待苦难和生活的理解过程,《老王》是写"我"对老王的情感变化的过程。这几篇文章的情感变化都发生了巨大的转变,可以说构成了情感上的前后矛盾,所以抓住这个矛盾点,深挖文章,才会更接近作者的写作意图。

小说是离不开人物的,所以,对小说的提问可以多从人物身上下功夫。例如,《变色龙》就可以围绕人物特征提问:到底谁是"变色龙"?再如,《社戏》可以抓住主人公"双喜"进行提问:文中的"双喜"真的是一个完美的形象吗?这两个问题都是具有一定认知冲突的问题,看似十分明了的问题,加上疑问的语气,就把明确的认识变得扑朔迷离了。这些违反了读者阅读认知的问题,恰恰是作者埋在文章里的"引线",是解开文章奥秘的"钥匙"。

虽然挑战性的问题也是有迹可循的,但是要根据不同文章的特征提出相应的挑战性的问题却绝非易事。因为,每一篇文章都是独一无二的,而阅读理解最难的也正是抓住这些独一无二的特征。所以,要允许(也要接受)学生提不出挑战性问题。

这两种提问形式是低阶思维向高阶思维的转变,也是从共性学习过程到个性学习过程的变化。另外,需要强调的是,教会学生提问并不是要教会他们提问的"套路",而是为了让他们能够在阅读中发现问题,并能够带着这些问题进入课堂。

(三)养成提问的习惯

教学生提问的方法,其实也是教他们阅读的方法。这一点可以在开始实施提问教学之初便告知学生,也可以在施行了一定时间后再点破其中的玄机。在施行提问教学的时候,教师必须有这样的认识:提问教学是让学生能够提出问题,而教师所面临的学生可能是一群已经习惯了听和记的学生,他们可能已经忘记了如何提问。要改变这一情况,不是一朝一夕间便可完成,也必然不会一帆风顺:有可能有的学生无论教师如何要求和指导,就是不肯动脑筋;有可能在教师专注于执行提问教学的时候,学生的成绩不进反退;

也有可能学生学会了提问的方法后,按照"套路"随便提个问题应付了事。教师只有在充分认清问题和困难的前提下,才不至于在实施过程中被困难吓退,才会走得更加坚定。

任何习惯的养成都不是一朝一夕的事,在初中的起始年级,教师就要着手培养学生提问题的能力。为了帮助学生养成良好的提问习惯,以及检测学生的提问质量和问题的来源,我从2017年开始就将"焦点讨论法"引入"前置学习环节",即课前预习。运用焦点讨论法进行前置学习单(预习单)的设计,不但能很好地了解学情,把握学生的"最近发展区",更重要的是能促使学生进行有"深度"的前学。基于焦点讨论法的预习设计不同于以往的预习要求,它摒弃了一些基础性的学习要求,如对字词的了解、段落的划分等,重点是对学生思维的初次开发。

1. 何为焦点讨论法

焦点讨论法(ORID)有四个层次的问题,其中,O(Objective),指客观性问题,即发掘客观事实;R(Reflective),指反映性问题,即反映自身感受;I(Interpretive),指诠释性问题,即呈现多元观点;D(Decisional),指决定性问题,即开启新的可能。

焦点讨论法从客观事实开始,从感觉引导到思考,最后做出决定,是自然的思考过程。焦点讨论法在工作、生活中运用非常广泛,却很少用于教学领域。

焦点讨论法的要义是基于客观事实,注重从感性到理性的思考。这几个内容间是彼此关联的。对于一篇文章,阅读的第一感觉就是关注"客观事实"。接下来读者会对客观事实产生自己的最直接的阅读感受,并形成自己的理解。也只有满足了前三个学习条件,才会使最后一个"问题"成为自然且真实的学习问题。

2. 前置学习单的设计

前置学习单既肩负着培养学生阅读习惯和提问习惯的任务,也肩负着教师科学地确定教学目标和教学内容的使命。因此,教师在设计前置学习单时，必须遵循科学严谨的原则，使之形成一定的逻辑链。例如，在教《百合花开》之前，我根据备课需要设计了一张前置学习单。

1. 概括百合花开的过程，完成下表。

时　间	形　态	内心感受（想法）
	长得和杂草一模一样	
一个春天的早晨		
		极深沉的欢喜
	开花、结籽	

2. 在它开花的过程中哪些品质让你感动？为什么？
3. 你认为百合为什么要开花？
4. 你在阅读过程中有没有遇到什么困惑或者不懂的问题，需要老师或者同学们帮助解决的？

这四个问题就是按照焦点讨论法的原理设计的，其中，第 1 题属于"客观性问题"，考查的是学生对课文的熟悉程度，即对客观事实的发掘；第 2 题属于"反映性问题"，可以反映学生在阅读过程中直观的、真实的感受；第 3 题属于"诠释性问题"，这个问题不但要说出自己对百合花开的理解，还要提供相应的课文依据；最后一题属于"决定性问题"，它为接下来的教学内容的确定提供了多元的可能，也是教师确定教学内容时的重要依据。

三、带着问题进课堂

如果说学生在进入课堂的时候并非一张白纸，那么当他们用心地将前置学习单完成之后，这张"纸"上应该又多了几分自信的底色。学生带着困惑或者问题进入课堂时，他们对课文有了初步的理解。学生带着问题学习，要比漫无目的的学习更容易进入文本，也更愿意花时间思考和解决问题。相对于传统的接受式教学，主动参与课堂的积极性越强，思维的活跃度就越高，在此基础上产生的认识也就会更深刻。

（一）对待学生问题的态度

我一直认为，学生有了问题，就得让他们提出来，要给他们提问的机会和提问的时间。如果学生的问题提得好，哪怕是打乱了教学进程，也要解决学生的问题，否则提问就成了"幌子"，以后学生就不会积极参与提问了。当然，提问也是自愿的，即使学生不想说出来，但问题还是在他的头脑中。当所学的内容与他头脑中的问题发生关联的时候，他就会重新认识、理解文章的内容，进而形成新的认知。

老师对待学生提问的态度应该是接纳与包容的。例如，在一节探讨"学习共同体"理念的研讨课上，来了很多听课老师，他们坐在学生旁边做观察员。这节课我教的是《壶口瀑布》。上课不久，一位学生举手站起来说他有个问题。我的风格是鼓励学生有问题随时提，同时我也很高兴这位同学能在"众目睽睽"之下举手发言，但没想到，他居然问了一个很"幼稚"的常识性问题：既然是枯水季，为什么黄河还有水呢？我一听，先是感到好气，接着又感到好笑。气他打断了上课的节奏，笑他问这么"幼稚"的问题。为了不影响教学进程，我不假思索地回答他，这个问题太简单了，枯水季黄河里也有水。课后研讨的时候，坐在那位同学身边的观察员跟我反馈：自从他坐下后，就再也没抬起头来听课，也不愿跟同学交流，学习一下子变得被动了。

听到这位观察员的反馈后，我整个人都惊呆了，我无法理解在我看来是一个很正常的做法（许多老师也许都有类似的经历，公开课上很希望学生举手提问或回答问题，但学生说的又并非是自己所要的内容，老师便在形式上予以表扬），怎么会给那位同学带来如此大的"打击"呢？虽然，这节课后那位同学上课时依旧很积极地举手发言，似乎并没受到什么影响。但是对我而言，这节课却成了我教学路上的转折事件。随着实践和阅读的不断深入，我对这个教学中的"失误"的认识也越来越深刻。

心理学上有个著名的霍桑效应。研究人员通过实验证明：当个人的工作得到社会的关注，人们便会以积极的态度做出反应，从而起到提高劳动效率的效果。学生自觉举手发言是希望得到更多的关注，而老师的反应对他而言是敷衍的回答，并不能使其信服。因此，这种"关注"不但没有起到积极的作用，反而让学生感到很"没面子"。所以，他不再积极地参与课堂的行为是可以理解的。

心理学上还有一个刻板效应，也叫刻板印象。其优点是不用搜集信息，凭感觉进行判断，可以节省时间和精力，缺点是可能会先入为主地形成偏见，影响正确的判断。我当时在课上的表现与刻板效应很相似，我希望学生能提出问题，却不能重视学生提出的问题。根据感觉的判断，不但影响了那位同学听课的积极性，也影响了一节"好课"的生成。

有些喜欢表现的同学上课非常积极但发言的质量却不是很高。遇到这种情况，老师有两个选择：（1）不叫这位同学回答，提醒经常举手的同学要经过一定的思考，不能不假思考就举手回答；（2）若叫这位同学回答问题，那就要重视他所提出的问题，即使他的问题很离谱，也要与之平等地对话。就像上文中学生所提的问题，如果当时我能顺势把这个问题抛给所有的学生，让大家到文章中去寻找答案，那整节课可能会因为这个不确定性变得轻松且热烈，可能会是另一番景象。

这种让学生在不确定之时，重新回归文本找依据的做法，在"学习共同体"中叫"反刍"。卢梭说："轻率地对孩子们下断语的人，是往往会判断错误的！"[①]"反刍"就很好地体现了卢梭的主张，因此教师不应做问题的"终结者"。

这件事以后，无论课上我要讲的内容有多么繁多，只要学生举手提问，

---

① 王有亮.试论卢梭的"童道主义"学生观[J].内蒙古师范大学学报（哲学社会科学版），1997（2）：33-36.

我总会耐心地听完，即使所提问题很离谱、很好笑，或与文章无关，我也会让学生把话说完。

又如，有一次我讲《伤仲永》，正按照自己的逻辑往下分析的时候，一个同学突然举手问了一个问题：文章第二段说"明道间，从先人还家，于舅家见之"，王安石的家在临川，而仲永的家在金溪，这两个地方相隔很远，仲永怎么跑到临川去了？有了前车之鉴，我并没有嘲笑和阻止这位同学，而是将自己的逻辑思路放在一边，把问题像皮球一样踢给了学生们。因为是在讲课期间提出的问题，又是学生自己提出的问题，所以，同学们显得非常兴奋。大家围绕着这个问题，展开了新一轮的讨论。讨论的结果更是让人意想不到。在这位同学的启发下，又有同学发现，如果第一次是在舅舅家偶遇仲永，那么第二次作者"还自扬州"时，"复到舅家问焉"就没那么简单了。就这样，在进一步的追问中，作者王安石进入到了学生的视线。提出"作者为什么在舅舅家见到仲永"的同学，结合书下注释中王安石的生卒年与"明道"年号的解释敏锐地发现，原来王安石与方仲永仅相差一岁。

课后学生们又进一步查阅资料，找到了关于王安石的相关介绍。原来王安石也是一个天才，他自幼聪颖，过目成诵，下笔成文。这样一来，学生对文章就有了新的认识，对于文章中的一些语句也有了新的理解。王安石十九岁中进士，也就是"又七年"之后。中了进士的王安石非常关心仲永的近况，所以才会"复到舅家问焉"。学到这里，我把文章中的两个人物拿出来做了一个对比：两个人（王安石与仲永）同是天才，一个五岁成名，二十岁却成为普通人，另一个也是少年神通，但最终进士及第，这其中的关键就是"学"与"不学"的区别。此时，一个天才对另一个天才的泯灭的惋惜与哀怜也就更深入人心了。到此，文章的学习结束。虽然拓展研究也得出了学习对人成才有重要意义这个结论，但这要比在分析完仲永从天才到众人的结果后告诉学生，可能会更让人记忆深刻。

我想那节课，对于那个同学，对于其他同学，对于我自己，都是一个很好的鼓励。如果当时没能对那个"无厘头"的问题加以重视，也就不会有后面更精彩的学习了。所以，"教学相长"的课堂，必定是开放的，把学生放在与自己同样的高度时，他们的表现往往会让人出乎意料，刮目相看。

通过这两个例子，我想说的是，尊重学生不能只是一句口号，它应该深深地刻在教育者的心上。时刻提醒教育者要心中有人，脑中有文。教育不是剥夺，而是赋予。有比分数和能力更重要的东西需要在课堂上传递，那就是让每一个学生都能自信而有尊严地学习。

（二）处理问题的方法

如果一个班有40个学生，每个学生都有一个问题，我想一节课40分钟可能只够记录学生提的问题。我曾经试过一节课让10位同学提问，然后把问题一一写在黑板上，再逐一解决这些问题，后来发现这样做有两个弊端：一是学生提出的问题多具有分散性、片面性和浅表性，充满着不确定性。如果不对这些问题加以处理，就让学生自己到文本中找依据，解决问题，即便是真的解决了，意义也不大。二是在解决学生问题的过程中，老师的作用发挥得不够明显，要么是老师跟学生"脚踩西瓜皮"，走到哪里算哪里，要么是学生跟着老师，走着走着又是在解决老师的问题，成了"旧瓶装新酒"。

如何让学生的问题变得集中而又深刻，能够成为学习一篇文章不可避免的挑战性问题呢？教师在这其间应该发挥怎样的作用呢？师生间的关系又该如何融洽呢？要解决这些问题，首先要搞清楚问题到底出在哪里。如果把教学比作一个串联电路，那么学生就是灯泡，教材是电池，老师应该是连接电池和灯泡的导线。但是在上述内容中，学生提出问题后便自觉地到文中去找答案，这其间老师并未发挥"导线"的作用。也就是说，"灯泡"和"电池"之间是断开的，这样的学习不但没发挥好教材的作用，更没办法点亮学生心中的那盏灯。所以，老师必须发挥"导线"的作用，将"灯泡"与"电池"紧密相连，才能照亮课堂。

1. 对问题进行汇总提炼

实践证明，一节课无法解决众多问题，而过于琐碎的问题又会过多地分散学生的学习经历，使学习顾此失彼、得不偿失。因此，教师需要在学生提出问题后，对问题进行初步的处理——分类汇总，提炼升华。

"分类汇总"就是把问题中有相同指向的内容组合起来，像数学中的合并同类项一样，把内容相近的问题会聚在一起。还是以《伤仲永》这篇文章为例，上课时学生一共提出了六个问题，分别是：

（1）父亲为什么不让仲永读书？

（2）为什么父亲只带仲永拜访同乡人？

（3）"伤"怎么理解？为什么是"伤"？

（4）文章要表达什么？

（5）为什么仲永作诗不能称前时之闻了？

（6）从五岁到二十岁左右，仲永是如何从天才变成众人的？

教师可以先将这六个问题分类：问题（1）、（2）、（5）、（6）都是与文章内容有关的；问题（3）是针对文题的（也与主旨有关）；问题（4）是直指文章主旨的。将这些问题分好类别，是把琐碎的问题变成挑战性问题的前提。

"提炼升华"是指教师针对所分类汇总的问题，做进一步的提升处理，使之尽可能形成一个具有明确指向，又能引领全文的问题，为学生理解文章指明方向。对于上面的问题，教师可以根据内容为主旨服务的原则，将问题（1）、（2）、（5）、（6）与（4）进行整合，使之形成一个明确的挑战性问题：作者写仲永父亲的做法以及仲永才能泯灭的内容到底想表达什么呢？

经过这样处理后，原来的六个问题就变成了两个问题：一个能统领全文的挑战性的问题和一个关于文题中"伤"字理解的问题。其实，这两个问题又是指向一个方向的问题——作者在文章中倾注的情感以及他想表达的思想。在解决主旨问题的同时，必然会联系到这个问题，所以，教师可以进一步告知学生二者的关系，也可以让学生分头解决这两个问题，待学生发现端倪后，再点破其中的关联。

2. 将学生的问题作为挑战性问题

将学生的问题作为挑战性问题的前提是，学生提出的问题值得深刻思考，或者问题的切入点很好，可以牵一发动全身。例如，在讲《背影》的时候，有个同学提出这样一个问题：为什么前面都在写"我"如何拒绝父亲送"我"，而在第六段父亲离别的时候，又写"我"在人群中寻找父亲的背影？这样写的用意是什么？这个问题就非常有水平。关注"我"前后行为的矛盾，是抓住读这篇文章的关键，也是理解"我"的情感转变的重中之重。所以，我当即决定用这个问题作为这节课的挑战性问题，其他同学的问题可以与这个问题结合起来解决。

3. 教师提出挑战性问题

前两种情况都是以学生为主导的提问。学生要带着问题进课堂，教师也要带着问题进课堂。作为教学设计者、组织者和实施者，教师完全可以提出自己的问题。学生有学生的问题，教师也应有教师的问题。教师的问题可以在学生提问结束后提出，与学生的问题形成对比或者补充。如果学生提出的问题不具有挑战性，且很难提炼，此时教师不妨提出自己的问题。当然，教师也可以根据教学需要，直接提出问题。整节课围绕教师提出的问题组织教学也是可以的。

教师提出的问题相对于学生的问题，会更加严谨、全面，更能体现文章的特质。但是，教师的提问并不是否认学生的问题，而是形成呼应和补充，对学生思考所未涉及的内容进行发掘，给学生新的学习角度和启发。教师的问题可以在解决学生问题的过程中提出来，也可以随着教学的深入，及时发现新生成的问题，使教学在问题的推动下，不断走向纵深。

态度和方法是"道"和"术"的问题，教学需要先明确自己的"道"，然后再求"术"。"道"不明，一味地追求"术"，可能开始的时候会觉得有所得，但时间一长就会发现自己的教学水平和专业素养并没有多大提升。这就好比一个学武的人，总是在学外在招式，却忽略了内在的修为（心法），遇到真正的对手时还是会败下阵来。学技更要择道，守正方能创新。

正如代顺丽在《语文阅读教学问题设计的变易路径》一文中所说："所有的知识都始于问题，问题是学习过程中最重要的智力工具。"[①] "冰冻三尺，非一日之寒"，作为新时代的语文教师，我们要不断地修炼自己的专业素养，才能紧跟时代的步伐，才能更好地从事教育教学工作。

---

① 代顺丽.语文阅读教学问题设计的变易路径［J］.闽南师范大学学报（哲学社会科学版），2016，30（3）：123-127.

第二节
用兴趣打开语文学习之门
——从一个孩子的学习经历说起

我女儿现在上五年级。她读了很多书,故经常会问我一些稀奇古怪的问题,如金银花为什么叫金银花?佛教的七宝是什么?蒙娜丽莎原名叫什么?……我答不上来的,就向她请教。于是她就会很得意地给我讲金银花的来历、佛教的七宝……

我说这些不是为了炫耀女儿读的书多,而是想说一说她的作文。疫情期间,线上授课,老师要求学生上交作文的电子稿。为此,我充当了女儿的打字员。在这期间我发现,她的作文里很少用到她跟我说的那些"知识",也全然不见读过书的影子。我问她:"你为什么不把你读的那些书(书中的知识、词句)用在作文里呢?"后来我把她写的文章发给朱煜老师看,朱老师回复说,孩子的文章写得很细腻。孩子的老师给的评分是"优-",评语中也说她的语言很细腻。看到两位老师的评价,我这个语文老师倒有些惭愧了。因为在我看来,多些引用的名人名言,多些稀奇古怪的知识就是好文章。

现在回想起来,我觉得她的学习经历很值得分析一下。她读了很多书,但写作文的时候又没有体现出来,虽然如此,却得到了两位老师的一致认可。这个情况引起了我的思考:到底是写作课上老师教的写作的方法起了作用,还是她之前的阅读产生了影响?抑或是她自己开了窍?这算不算是核心素养"落地"呢？

　　再接着说我女儿的学习经历。她非常喜欢语文，准确地说，应该是非常喜欢阅读。对她而言，读书和玩娃娃是一样重要的事，现在她的阅读速度更是令人惊讶：一部50多万字的《哈利·波特与死亡圣器》，她只需要利用一个星期的闲暇时间便能读完。我曾问她：为什么这么喜欢读书？她很随意地回答我"打发时间"。的确如此，如果我们不去制止，她可以静静地读上一天的书。她有一个破旧的手机，但只用来听故事，此外，能陪她的就只有玩具娃娃了。所以，她不是在玩娃娃就是在读书。有一天晚上，我在读吕叔湘先生的《语文漫话》时，她到书房问我："'口加个吾'念什么？"我随口回答了她。她便坐在我身边跟我说："爸爸，你知道我为什么读书读得很快吗？"我说："为什么？"她说："我很专注，我读书的时候可以屏蔽一切，什么都听不见。而且，我不喜欢手机，它吸引不了我，只有书能吸引我。你读书的时候，还能回答我的问题，说明你不投入，而且你总看手机更会分心。"她说中了我的心思。我读《语文漫话》，不是被这本书所吸引，也不是被书的作者所吸引，而是为了寻找一些我写文章时所需要的"名人名言"。所以，我的所谓的读书，不过是浏览，心里并未记住些什么。真正有用的内容，也是用笔先画下来，等用的时候再细细琢磨。

　　这件事又让我想到，阅读教学之所以难以推进，无法激起学生的兴趣，很大原因在于，学生跟我们一样，也在等着从老师那里学些"上阵杀敌"的本领。至于那些"风花雪月"的事，随便听听，长长见识也就算了。

　　在讨论一个学生是如何获得语文学习的自信的这件事之前，我们先来看看《义务教育语文课程标准（2022年版）》（以下简称《课标2022》）中对核心素养的阐述："在语文课程中，学生的思维能力、审美创造、文化自信都以语言运用为基础，并在学生个体语言经验发展过程中得以实现。"将"语言运用"作为教学的基础是正确且有必要的。什么是语言？语言就是人们说的话，它可以用文字表示。文章是由一个个文字组成的，儿童最初的阅读都是从学习一个个汉字开始的。吕叔湘先生认为，文学作品是语言运用到了艺术的程度，因此，要想领略文学的奥妙，常常需要从语言的角度去品评。吕老还说:"每一种语言习惯的背后都有一种与此密切联系的语言心理。"①这句话不禁让我想到了李白失意之时的"明月"和杜甫晚年的"酒"。语言作为社会活动的产物,文化也是社会活动的产物,同时也是社会活动的反映,可见语言与文化又是息息相关、紧密相连的。罗常培先生在《语言与文化》中引用美国语言学教授萨皮尔的话:"语言的背后是有东西的。并且,语言不能离开文化而存在。所谓文化就是社会遗传下来的习惯和信仰的总和,由它可以决定我们的生活组织。"②所以,将语言运用作为思维能力、审美创造以及文化自信的基础是合情合理的。

既然语言是核心素养的基础,那么语言从何而来?无非是听和读。学习语言的过程也是信息输入的过程。小学阶段和中学的起始阶段,学生学习语言主要是以记忆为主,运用上还很稚嫩蹩脚。就像一个初学武功的人,突然间获得了一股真气,但由于武功底子薄弱加上自己的悟性不够,所以短时间内无法灵活地控制体内的真气。学武功如此,学习亦如此。没有思维能力和审美创造,语言只是一个个孤零零的符号,即使能够拼凑在一起,也会显得苍白无力。这样看来,对于初中起始阶段的学生以及小学生而言,运用语言的关键不在于读了什么书、读了多少书,而在于能否在阅读(学习)中获得思维和审美创造能力的提升。也只有如此,学生才能在学习的过程中获得文化和自信,以及个体语言经验的发展。因此,语文教学应该是以语言学习和运用为基础,思维能力和审美创造为路径,发展个人的语言经验,进而实现文化自信。这就是语文教学的重点,也是语文教师的责任和使命。

由此可见,阅读教学当以教语言为基础,但又不能将语言从语境中孤立出来,只简单地讲些修辞手法和表达效果,而应以语言为载体,分析语言中所蕴含的情感、思维、文化等更为深刻的内涵,以及这些内涵之间是如何联系的。例如,陆游的《卜算子·咏梅》中"碾"字的使用就十分令人费解。因为"碾"字给人一种突兀的感觉。"碾"指石碾,是一种用来磨谷物的石

---

① 吕叔湘.语文漫话[M].北京:北京出版社,2020:8.
② 罗常培.语言与文化[M].北京:北京出版社,2016:13.

器。作为工具，必须有人使用。然而这首词中分明交代了"梅"生活在"驿外断桥边"，并且"寂寞开无主"，都是在强调环境的偏僻、无人。既然"无人"，为何不让梅花在飘落之后，自然"成尘"，一定要用代表人为的"碾"字呢？这就涉及作者的整体写作思路，以及所蕴含的情感问题。很多人都认为"愁"是这首词的核心，我认为"碾"字更能体现作者的本心。也就是说，这首词并非借物抒情，而是托物言志。因此，整首词并非是为了抒发愁苦，而是为了表明坚贞之志。教学时，应该抓住这些不合逻辑的语言，以之为切入口，分析语言背后所传递的情感和思想。

再回头说我女儿的学习。从上文的介绍中，我们可以提炼出这样一条线索：为了打发时间，她选择了读书，在丰富的阅读积累后，她的作文水平有了一定的提升，因此她喜欢语文，也从语文学习中获得了自信。请注意，她的阅读动机并不是为了学习知识和语言，而是为了打发时间，也就是消遣。而这样的阅读经历不但让她打发了时间，还获得了知识和快乐，也附带着提高了作文水平。在这个过程中，虽说有老师和我这个做语文老师的父亲的影响，但最关键的还是她自身对阅读的痴迷。从她的阅读经历看我们现在的语文教学，就会发现二者正好相反。现在的语文教学以提高学生的解题能力和写作能力为目的，以练代讲、以考代练，将学生的时间"打发"得满满当当。每学期的两本必读书目，虽然是为了让学生多读书，但也在一定程度上限制了学生阅读的自由。因为考试需要，所以很多时候，不得不把书中鲜活的语言变成呆板机械的考试题。

如果说阅读是落实核心素养的关键，那么落实阅读的关键就在于少些功利多点"消遣"。对于"消遣性的阅读"，不需要文本分析，不需要观点提炼，更不需要布置作业，就让学生自己静静地阅读即可。其实对于教师而言，让学生爱上阅读，要比让他们讨厌阅读简单得多。如果教师不能合理地处理好思维和审美与阅读的关系，那么就让学生单纯地阅读，也未尝不可。

说到兴趣，这可能是教学话题中的老生常谈了。无论哪个学科的学习都离不开兴趣，否则学习就会陷入痛苦的深渊。如果要为这个老生常谈的话题增添一点新意的话，我认为阅读教学不能太功利，兴趣培养却可以功利些。

培养本就不是一朝一夕的事，所以妄想用几节课或者几个课例来实现培养的目的，就显得很不合实际了。我所说的"功利性兴趣培养"，说白了，就是教师在教学中或者布置学习任务时要想着学生的兴趣培养问题。我认为，每个学段都应该从起始年级开始就把培养学生的学习（阅读）兴趣作为一个课程任务贯彻下去。

以读书为例。我女儿很喜欢读书，所以她把读书当作一种消遣。但并不是所有的学生都喜欢读书，有些学生甚至看到书就头疼，读不到几页就会打瞌睡。对于这样的学生，教师该如何培养他们的阅读兴趣呢？对于越让他读书，他就越反感的学生而言，教师可以间接地以阅读为目的布置任务或者活动。如果用任务或者活动促使他们阅读，那么这个任务或者活动本身就必须能吸引学生的兴趣。通过常识我们可以知道，当一个人为了某个目的而投入大量的时间和精力的时候，他就会不自觉地改变自己的态度和心理。我女儿开始读书的时候是为了"打发时间"，可是当她投入大量的时间和精力在阅读上的时候，她发现了阅读的乐趣，找到比打发时间更宝贵的理由。杜威认为，发现和儿童目前的能力有联系的事物和活动，使儿童乐于从事，并使活动始终如一地、连续地坚持下去，这种事物和活动的作用就是它的兴趣。①这里需要明确两点：第一，活动本身不是教学的目的，激发学生的兴趣才是；第二，这里所指的兴趣是专门为阅读服务的，而不是其他的。

上文说到任务驱动的目的是激发学生的兴趣，而兴趣又是服务于阅读内容的，所以在布置任务（活动设计）时，不能只是为了让学生有兴趣参与而一味地在形式上花心思。例如，为了让学生更好地阅读《海底两万里》，让学生发挥想象，有的老师布置了利用橡皮泥等材料制作"鹦鹉螺号"或者书中所提及的神秘的景象等任务。这样的任务可能会激发学生动手制作的兴趣，却忽略了兴趣与文本之间的关联，把阅读课变成了手工课。有的老师可能会提出这样的想法：一边让学生做手工，一边动手抄写好词好句，以便加深印象，甚至为日后的写作做些积累。我觉得这种方法也不太合适，一边做

---

① 约翰·杜威.民主主义与教育[M].王承绪,译.北京：人民教育出版社,2001：140.

着有趣的事，一边还要想着枯燥乏味的摘抄，这样的安排显得有些矛盾。阅读活动的安排和任务驱动的设计，绝不是一件简单的事。教师的教学理念和活动设计的能力以及合理的实施计划，这时候就成了解决这个问题的关键。

其实一个好的活动设计，就相当于一个小型的课程。以《海底两万里》的整本书阅读为例，为了让形式与内容融为一体，可以采用长任务与短任务相结合的方法。用一个总的任务或者活动串联起整本书的阅读，即用自己喜欢的方式，如用橡皮泥、图画、电脑模型等形式还原《海底两万里》中的"海底世界"。但在阅读具体某个章节时，可以根据文本特点，确定章节阅读活动。例如，在读"珊瑚王国"这个章节的时候，短任务就可以根据这一章节的内容来设计：可以用自己喜欢的方式（绘画、制作等）还原"珊瑚王国"，并思考作者为什么用"珊瑚王国"来命名这一章节，而不是"珊瑚墓园"。在阅读完整本书后，学生的学习成果既有"海底世界"的展示，也要完成一个总体的思考问题：结合自己的阅读感受和书中的具体内容，说说《海底两万里》自面世以来一直广受青睐的原因。

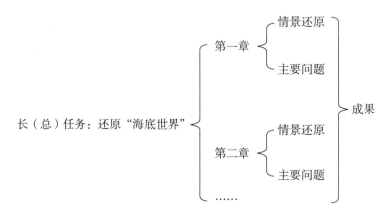

《海底两万里》整本书阅读操作思路

由于整本书阅读只是教学的一个组成部分，因此，培养阅读兴趣必须从长远考虑，在日常教学中还要依靠单篇阅读和群文阅读，形成一个课上与课下、单篇（群文）阅读与整本书阅读相互交叉、互相补充的兴趣培养网络。

单篇文本的教学灵活性很强，可以立足于将这篇文章讲透彻，也可以把这篇文章作为"引子"进行拓展阅读。我在《研究型教师的成长力量：经典文本解读与高品质教学》一书中曾记载了一些培养学生兴趣的教学课例，如"唱唐诗""黑板画"等。这里我想谈一下如何利用1+X的阅读形式（以一篇课文带动若干篇课外文本的阅读），来激发学生的阅读兴趣。现行的部编版教材建构了"教读+自读+课外阅读"三位一体的阅读教学实施结构，强调重视学生的自主阅读实践，注重课内外阅读衔接，采用1+X方式培养并训练学生的阅读能力。1+X阅读理念是用阅读补充阅读，用阅读影响阅读。当量上形成一定的积累后，就会引发质的变化。我曾经在教《周亚夫军细柳》的时候推荐学生读《史记·绛侯周勃世家》，教《老王》的时候推荐学生读《干校六记》，但是真正愿意去读的同学非常少。原因不言而喻，老师推荐的阅读本就可读可不读，学生也非常清楚，考试是考不到这些内容的，所以就不愿花时间去阅读。可见，光有向课外扩展的篇目还远远不够，给学生介绍的文章再好，他不去读也无济于事，所以，落实1+X阅读思想的关键就在于怎么"+"。

1+X中的"1"是固定的，"X"则相对比较灵活，可以是同一作者不同时期的文章，也可以是不同作者相同主题（题材）的文章，还可以是看似毫不相关却有一定可比性的文章等。上面的例子告诉我们，当"1"与"X"没有发生联系时，拓展阅读就会形同虚设。所以教师在设计阅读活动时，不仅要让"1"与"X"紧密联系，更要让这种联系能吸引学生的阅读兴趣，对其阅读产生一定的积极的影响。

有了之前失败的经验，加之为了让学生能真正地投入阅读，并且对其产生一定的积极的影响，我在设计《〈论语〉十二章》的1+X阅读活动时，采用了"欲擒故纵"的方法。我知道如果直接让学生去看《论语》，结果还会像以前一样。我便索性不布置拓展阅读的内容，而是通过活动调动学生的阅读积极性。在讲完课文后，我布置了一个作业：选择其中任意一章或几章，编写一个剧本，并最终拍成一个五分钟的"微电影"。要求：还原孔子以及他的弟子们讲这些话时的情景和心理；可以用文言文写，也可以用现代汉语，字数不限；一个星期后交剧本，待剧本通过审核后进入拍摄阶段。任务一出，教室里一片哗然，大家还以为我在开玩笑。在确认不是玩笑后，大家脸上露出了各种为难的神色。在经过一个星期的等待后，学生创作的剧本陆陆续续交上来了。不出意料的是，有的学生写了几千字，有学生只写了几百字，剧本效果良莠不齐。出乎意料的是，我所带的两个班级的同学都交了作业，甚至平时会拖拉偷懒的同学也交了。从他们所提交的剧本来看，很多同学都读了《论语》，有些同学还看了一些相关的电影。

在活动实施的过程中，我并没有给学生推荐阅读书目，所以，作为拓展阅读的"X"完全是由学生根据需要自己确定的。虽然给了学生选择阅读材料的自由，但实际的效果却比教师指定阅读篇目要好。这种方法有效的关键是用活动激发学生的阅读兴趣，化被动的"要我读"为主动的"我要读"。这次活动不仅让学生主动地去阅读与课文相关的文学作品，而且在日后的写作中，很多学生都将这件事作为材料写进作文中。但是这种方法也有弊端，即受学生阅读视野的限制。如果遇到阅读面很广，需要查找的资料很多的时候，就不得不求助于网络了。对网络的使用的确应该小心谨慎，但也不必"谈网色变"。要知道，越是封锁抵制，就越有可能激发矛盾。如果学生能够合理地运用网络资源服务学习，那是再好不过的了。

学生迷恋网络无非是为了打发时间，因为现实无趣，所以宁愿沉浸在虚拟的世界中寻找所谓的快乐。那么，是不是可以这样理解，如果能找到一个比沉浸在虚拟世界中更有意思的事情，他们是不是就可以脱离网络的吸引，投身于所做之事中呢？对此我做了一次有意义的尝试：

在讲《咏雪》这篇古文的时候，我将重点放在了赏析"未若柳絮因风起"与"撒盐空中差可拟"这两个比喻的优劣上，给学生讲了审美的基本方法。上完这节课后，我布置了一个作业：当谢太傅问"白雪纷纷何所似"之时，李白、杜甫、岑参、苏轼、李清照，以及你，会如何回答呢？请回去查找资料完成。听到这个作业，大家又是一片哗然，但这次他们没有畏惧，而是很兴奋。

这个作业通过一个情境，将"1"与"X"紧密联系起来。学生要在查阅大量的诗文资料后，才能将几个人的回答写出来。在这个过程中，大量的阅读既是积累的过程，又是语言学习的过程，为自己如何回答这个问题奠定了一定的基础。"1"是确定的，"X"的方向也是确定的，但具体的阅读内容需要学生自己去发掘。这个课例我在本书第二章第五节《基于深度学习的教学实施——以〈咏雪〉为例》中有详细记载，这里不再赘述。值得一提的是，在完成作业的过程中，一位家长给我发来一条微信：程老师您好，非常感谢您给孩子带来的学习体验。他本来喜欢理科，又爱玩游戏，但是，这次他用电脑查资料，两个多小时非常专注。我害怕他又偷玩游戏，所以进去抓了他两次，但他都很专注地在查、在记录，写了满满一页纸的诗句。一个爱玩游戏、喜欢理科的男孩，居然能从电脑游戏的诱惑中走出来，专注地查阅两个多小时的资料，我想，更关键的是，他认为做这件事比玩电脑游戏更有意思。

需要强调的是，在这次 1+X 的阅读实践中，起至关重要作用的不只是这个作业，还在于课上教师已经充分激发学生的"审美情趣"。课内的固定篇目"1"，是打开课后阅读之门的一把钥匙。课内激趣更强调从语文素养出发，根据文本特征教会学生最基本的分析和阅读的方法。例如，《咏雪》这篇文章，我教给学生最基本的审美方法是，将事物从本身的实用价值中脱离出来，再去看待这个事物的时候就是审美了。也就是朱光潜先生在《谈美》中所说的："要见出事物本身的美，我们一定要从实用世界跳开，以'无所为而为'的精神欣赏它们本身的形象。"[①]学生的兴趣不在于学习了两个比喻句的知识，而是知道了（掌握了）如何用审美的眼光去分析一个平常的事物的技能。也就是说，技能要比知识更能激发学生的兴趣。这就好比一个人刚刚学会骑自行车，虽然还不是很娴熟，也可能会摔倒，但这些都不影响他对骑行的渴望。这也正是学生为什么对这次的作业会产生如此浓厚兴趣的原因。

怀特海说："我们中学教育的误区，就是在应该富有弹性的地方僵化刻

---

① 朱光潜.朱光潜谈美[M].上海：华东师范大学出版社，2012：10.

板，在应该严谨严厉的地方却放任自流。"[1]我们所教的知识是严谨的，但并不意味着教授知识的过程是死板的。怀特海认为："教育是教人们如何运用知识的艺术，这是一种很难掌握的艺术。"[2]当教师眼中先看到的是知识，并且只看到知识的时候，那么知识就会离学生远去。如果教师的眼中先看到的是学生，并且能根据学生的特点，将教学的目的融于活动之中的时候，知识才会被吸收、内化。

我女儿曾问过我这样一个问题："如果我们要去一个地方，但是到了那个地方，我又说不想去了，你会怎么办？"我思考了片刻后说："既然来都来了，那肯定是不去也得去。"她笑着跟我说："你这是典型的'中国式父母'的思维。"我说："那你觉得非典型'中国式父母'会怎么做呢？"她卖起了关子，反问我："你猜呢？"我说："肯定是问清楚不想去的原因，然后尊重孩子的决定。"她说："不对，非典型'中国式父母'会第一时间选择无条件相信孩子，所以，他们不会问原因。"我为之一惊，这不就是我们在教学上的做法吗？为什么我们要教得"刻板"？是因为我们以关爱的名誉，担心学生无法接受或理解；我们把难以控制和把握学生的行为作为理由，担心他们在活动的时候出现什么差错；我们总认为时间紧任务重，一切要为考试服务，所以用最简单直接的方式将知识和技能用"填鸭"的方式灌输给学生。

建立在不信任基础上的教育，又怎么会建构起学生的文化自信呢？看到高山，哪怕是见过世界上所有的高山，都无法让人获得自信。只有登山的时候，才会让自己获得"山高人为峰"的自信。因此，在教学中教师不但要放开自己的手脚，也要让学生放开手脚。与其通过机械训练，反复炒冷饭，还不如让学生在活动和情境中自己探索、体验、试错、协调、合作、选择。

《课标2022》在课程理念中明确指出："义务教育语文课程实施从学生语

---

[1] 怀特海.教育的目的［M］.庄连平，王立中，译.上海：文汇出版社，2012：17.
[2] 同[1]：6.

文生活实际出发，创设丰富多样的学习情境，设计富有挑战性的学习任务，激发学生的好奇心、想象力、求知欲，促进学生自主、合作、探究学习；引导学生注重积累，勤于思考，乐于实践，勇于探索，养成良好的学习习惯；关注个体差异和不同的学习需求，鼓励自主阅读、自由表达；倡导少做题、多读书、好读书、读好书、读整本书，注重阅读引导，培养读书兴趣，提高读书品位；充分发挥现代信息技术的支持作用，拓展语文学习空间，提高语文学习能力。"这段文字的重心就在于"兴趣"二字。如果课程本身或者阅读资料本身不能产生吸引学生的兴趣，那么教师就要发挥积极引导的作用。也就是说，课程本身或者教师先要"有趣"，学生才能"有兴趣"。

第三节
问题·活动·情境：深度教学的三要素

一、问题的提出

现在有个非常普遍的现象，值得放在语文教学中思考一番：孩子在家里跟父母聊天、对话、交流，甚至争吵，都能应对自如，父母常常会惊讶于他们的知识储备和表达能力。但是调换一下场景，在课堂上绝大多数学生却很难做到与教师"无障碍"的交流。实际上，他们多数是条理混乱地回答老师提出的问题，面对老师的追问，大多数学生选择低头沉默。

二、对现状的分析

围绕这种情况，我们不妨做进一步的思考：为什么学生丰富的知识储备，无法在课堂上得到充分发挥呢？也就是说，学生已有的知识，在学习的过程中无法发挥太大的作用。解决简单的问题可以，但是要上升到一定的思维高度，就会出现"卡壳"的情况。这好比下象棋，一方只能根据对方的步数做出简单的回应，而无法窥知其更为深刻的思考。我们不禁要问，不应该是学生的知识储备越丰富，越能触发思考的深刻吗？导致出现这样问题的根源到底是什么？该如何解决这个问题呢？

既然问题发生在课堂上,那不妨先看看现在的教学现状。以文言文教学为例。老师一般是先找来一个"成熟"的PPT,第一张一定是标注着作者的简介;从第二张开始便是文白对照,文言文多用黑色字体,解释内容用其他颜色(红色居多)。遇到一些典故或者有趣的内容,会在其中插入一张PPT,并告知学生考试时会如何围绕这个内容出题。当然,老师也会提问学生某个实词或者虚词的含义,但仅限于解释或者翻译,至于为什么非用这个字(词)而不用别的字(词)一类的问题,却很少在课堂上出现。一堂40分钟的文言文课,就在老师的讲解和学生的记录中过去了。学生记住了词语的含义,也知道了哪些内容会考,就以为学完了。对于要考的内容,学生背下来了,不考的内容往往会随着时间的推移渐渐淡忘。这堂课,老师好像将文章讲清楚了,学生也好像学明白了,遇到考试题也能做出来,便更加信任老师。学生考试成绩很不错,老师也就越发得意于自己的教学。

如果你身边有叶圣陶先生的《叶圣陶语文教育论集》,不妨翻到第67页——《中学国文教师》,这篇文章中第一批判的就是这类教师。这本书成书于1980年,距今已有40多年,而叶老写这篇文章的时间更早。半个多世纪前,叶老所批评的问题,现在依然存在,不仅存在,而且很难改变。

那么,这样的教学方式对学生无法运用知识储备解决问题有什么影响呢?

叶老认为:这样的教师不很顾到实施方法,也不能说他们对于学生全无帮助,只能说帮助不会很多就是了。叶老还说:"可是国文教学并不是一件深奥难知的事情,只要不存成见,不忘实际,从学生为什么要学习国文这一层仔细想想,就是不看什么课程标准,也自然会想出种种的实施方法来的。"[①]不可否认,这样的教学对学生是有帮助的——积累文言常识和文言知识。但是这样的教学只是从考试的需求出发,并没有结合"实际"——学生的实际需求以及文言文教学的实际意义。

《课标(2022)》在课程目标中明确指出:"义务教育语文课程培养的核

---

① 叶圣陶.叶圣陶语文教育论集[M].北京:教育科学出版社,2015:71.

心素养，是学生在积极的语文实践活动中积累、建构并在真实的语言运用情境中表现出来的，是文化自信和语言运用、思维能力、审美创造的综合体现。"该课程标准将"文化自信"放在了首位，不难看出新时期培养的社会主义合格的接班人，一定是要具备文化自信。然而，文化自信并不在于掌握了多少文化知识、记住了多少文学常识，而在于"在真实的语言运用情境中"，能否展现出强大的思维能力和独特的审美创造能力，能否用所学解决实际生活中的问题。

显然，以讲解代替思考、用考试衡量优劣的教学方式和教学理念，无法实现这样的育人目标。不但如此，长时间的机械学习，会使学生处于一种麻木的、被动的接受状态——只要把老师讲的记下来就能考好成绩。而所谓的考试高分，也可能使学生迷失在刷题训练之中，沉浸在"优秀"的假象中，所以"高分低能"的情况在现实中并不少见。

文言文教学如此，现代文教学亦是如此。改革开放已经40多年了，在这40多年间，我国的现代化发展可谓日新月异，所有的行业都在以肉眼可见的速度发生着巨大的变化。然而，再看看我们周围的教学现状，又有多少能与现在的发展形势和速度相匹配呢？所以，作为新时代的教师，面对新环境、新需要，我们必须改变原有的教学风貌。我所说的"改变"，不是上课时用个PPT，或为了迎合教改引用几个新名词、新理念，而是发自内心的、彻彻底底的改变。

为什么这样的教学方式让学生无法运用知识储备解决问题呢？我想，最关键的原因是，在课堂上，教师并没能在学生（知识储备）与文本之间建立起必然的联系。也就是说，文本与学生是彼此孤立的。要想让学生运用所学知识解决文本中的问题，就必须在二者间建立必然的关联。建构主义认为：学习过程就是知识的建构过程，在知识建构过程中，学习者已有的知识经验有着非常重要的作用。[1]也就是说，在学生学习的过程中，要让已有的经验发挥作用。但在以往的传统教学中，教师的讲解和告知取代了学生思考的过

---

[1] 倪文锦，谢锡金.新编语文课程与教学论［M］.上海：华东师范大学出版社，2006：21.

程，忽视了学生思维发展的过程。过于重视考试的结果带来的问题就是，学生只记住了答案，而忽略了答案的由来。不知怎么来的，自然也就无法用所学的知识解决实际的问题。这是教师人为地将学生已有的经验与学习的过程割裂开来，而造成这种割裂的主要原因是，教师对语文课程的课程理念和课程目标的认识模糊，混淆了用"教教材"与"用教材教"的意义。"教材不过是个例子"，教师的任务是利用这个例子，训练学生的思维，提升学生的能力。

为此，我们必须重新定位教师的作用。《课标2022》在课程实施教学建议中明确指出："教师要准确理解义务教育语文课程的基本理念，把握学生核心素养发展的基本规律，根据课程目标、课程内容和学业质量的要求，创造性地开展语文教学，充分发挥语文学科独特的育人功能。"

要想在学生与文本之间建立起必然的联系，教师不但要改变教学的思想，更要改变教学的方式。因此，教师的作用得到凸显，但最终的服务对象仍然是学生。

三、解决办法：将学生与文本联系起来

（一）用问题将学生与文本联系起来

不可否认，虽然每个教师在上课时都会提出各种各样的问题，而且有些问题的质量也很高，但还有比问题质量高更重要的事——提出问题的用意和目的。

众所周知，语文教学一个很重要的原则是，抓住某一篇文章的特质去教。但是对于为什么要抓住这一篇文章的特质去教，很多人却是忽略的。追根究底，还是对"教教材"与"用教材教"思想的忽视。问题的质量再高，但如果是为了"教教材"，就很容易将语文教学窄化——到最后所有文章的教学目的都是分析作者的思想感情。而"用教材教"则是立足于这一篇文章的特质，去挖掘其背后到底要教给学生什么。

例如，教《孙权劝学》这篇文言文，如果是本着"教教材"的思想，那么教师多会围绕劝学的目的、劝学的方式以及劝学的意义（影响）三个方面展开教学，最终得出的结论是赞美孙权对人才的重视，鼓励学生要有"士别三日，当刮目相待"的志气。要达到这样的目的，教师必须围绕这些内容提出问题，一步步地通过问题引导学生理解"结论"。教完后，学生对孙权这个人物的形象、鲁肃出现的作用会有清晰的理解，也会记住故事传递的道理和启示，教学至此完成。虽然这样的教学在某种程度上也做到了让学生与文本相联系，但是由于育人的目标不够明确，致使这种联系仅停留在"了解"层面，并未上升到"分析"和"欣赏"的高度。

如果本着"用教材教"的初衷去教，又会有怎样的教学思考呢？首先，教师要想清楚：这一篇文章的特质是什么。例如，塑造孙权"善于劝学、爱才心切"的形象，是不是就是这篇文章的特质？其次，教师要思考：教这一篇文章特质的目的是什么？是为了让学生知道（记住）这个故事以及孙权这个人物形象吗？这里不妨再联系下《课标2022》中提到的"文化自信"这个明确的要求，即讲了这个故事，了解了孙权的人物形象，能不能让学生获得文化上的自信呢？

想清楚这些问题后，再来看这篇文章的特质。这篇文章选自《资治通鉴》，严格意义上说，这是一篇记录历史的文章。无论是对君王还是对大臣乃至于一般的读者，都有一定参考、借鉴的价值。可以说，对于大臣，能有一位君主非常重视人才，并能非常耐心地劝学，那么这位君主应该是一位"明君"。作者记录这个故事，也必定是为了赞扬这样的君主形象，希望后世的君主能够效仿。但是，文中却没有出现诸如"英明""爱才"之类的带有情感倾向的词语。这就是这篇文章与其他写人记事的文章的本质区别：作者只陈其事，不发表自己的观点，也不带有自己的情感。这个特征既是这篇文章的特质，也是这类文章的特质。基于这样的认识，教学的目的就不是为了教这个故事，记住这个人了，而是要了解史学作品中写人记事的文章的特点，以及作者是如何客观地写人记事的。这就不得不提及"春秋笔法"了。

刘勰在《文心雕龙》中将"春秋笔法"的特征归纳为：微而显、志而晦、婉而成章、尽而不污。①"微而显"可以理解为以小见大。在《孙权劝学》中，孙权的明君形象是通过"劝学"这件小事体现出来的。"婉而成章"是指孙权劝学并不是"一帆风顺"，而是有波折的。文中说："卿今当涂掌事，不可不学！"从吕蒙"辞以军中多务"的表现可以看出，孙权的第一次劝学失败了。但孙权并没有因为吕蒙推辞而放弃，所以才会有后文的第二次劝学。在写完劝学的过程后，故事并未结束，而是又加入了鲁肃与吕蒙结交一事，使整个故事一波三折。"尽而不污"则表现在塑造孙权和吕蒙两个人物形象上：孙权第一次劝学的时候语言是强硬的，带有不可抗拒的语气——"不可不学"，两个否定副词"不"，是不给吕蒙留有反驳的余地。这是孙权作为君主极具威严的一面。但就是这样的"威严"和"不可抗拒"，吕蒙却敢用"军中多务"作为借口。由此可见吕蒙在思想意识上的"浅陋"，这就是"吴下阿蒙"的真实体现。而此时作者并未描写吕蒙的表现，只陈述了吕蒙推辞的结果，更是给了读者想象的空间。对于孙权和吕蒙的表现，作者都做到了"尽而不污"。

文章的妙处在写孙权的转变，面对吕蒙的"违抗"，孙权并没生气，反而变得更加耐心，也改变了"劝"的方式方法。为了让吕蒙放下心理负担，孙权告知了让他学习的目的是"但当涉猎，见往事耳"，不是为了成为"治经"的"博士"；为了加强说服力，孙权还以身示范："卿言多务，孰若孤？孤常读书，自以为大有所益。"这样写最大的好处是，不但丰富了孙权的人物形象，使故事更具可读性，同时也暗含了作者的主张：爱才就要有爱才的行为，爱才也要讲究方式方法。一个君主能放下身段，耐心劝导一个"愚钝"的武将，并能够使鲁肃大为惊讶，不得不说孙权是"识才"。作者借助这个故事含蓄地表达了自己的主张：识才、爱才才是明君圣主。这就是"志而晦"。

从上文的教学事例中不难看出，"教教材"的教学效果是将学生与文章

---

① 周振甫.文心雕龙今译（附词语简释）[M].北京：中华书局，2013：18.

的内容联系起来，关注的是写了什么，即对事实的了解；"用教材教"则是重在通过分析文章的内容，使学生与作者写作的目的相连，与达成这个写作目的运用的写作手法相连，旨在关注为什么写、怎么写。相对于前者而言，后者更注重教学的"出口"——表达、写作。

为什么一定要让学生与作者写作的目的和使用的手法建立联系呢？我想通过一个生活中的事例来进一步说明。

之前因为疫情的原因，我在家隔离了两个月之久，头发也就一直未修剪。有一天，我突然心血来潮，决定自己动手将前面能看到、够到的头发用剪子修剪下，并打薄，后面则是让爱人帮忙打理。结果发现，效果还可以，至少我认为不比刚入门的学徒差。那么问题来了：我为什么突然就掌握了理发这个技能了呢？经过反思，我觉得与几十年被理发的经验分不开。我不会理发，但我在理发店理发的时候，会不停地观察，哪里不对了我还会告知。有时候看一个新手百般周折却不得我意的时候，我都在想，要是自己来，肯定比他强。

举这个例子是想说，耳濡目染、日积月累，对一项技能的掌握是非常重要的时间要素。陆游在《老学庵笔记》中说的"赵广曾学画"的故事，就与我的这个经历很相似。赵广曾是李伯时的书童，看的时间久了也擅长画画了，而且最擅长画马。这样推断，一项技能的习得，需要长时间地观看（学习）这个技能展示的全过程。然而，现实是，学生面对的是作家完成了的成品（文章），根本无法见到作家创作的过程，更不要提长时间的观察了。

怎么弥补这个缺憾呢？就是要立足于"这一篇"，站在更高的角度不断地去比较、还原、玩味、分析、欣赏、归纳，使自己（学生）与文本、作者慢慢地建立关联。见不到作者创作的过程，可以还原创作的经过；不能直接从作者那里学到技巧，就从分析作品中获得。

要达成这个目标，不是一朝一夕的事，更不是学生一个人的事。起关键作用的还是教师，即教师的教学设计。再具体一点，就是教师要用什么样的问题，把学生与文本、作者相连。

为了便于说明问题，下面仍以《孙权劝学》为例。

在导入部分，教师可以找来同样是写人记事的文言文作为比较的对象，如《吕蒙正不受镜》等能直观地表达出作者观点或者情感的写人记事的文章，让学生在比较中发现问题：同样是写人记事的文章，为什么有的文章作者的情感表达非常直接明了？在正式教学中，可以通过提问，结合文章内容，分析作者如何运用"春秋笔法"讲述这个故事的——引导学生在积累文言知识的同时，了解如何阅读史书，掌握一些文言创造的写作技法。对文章的优劣能说出自己的理解，对写作手法能学习体会，这样的学习经历多了，学生自然慢慢就会产生文化自信。

用问题将学生与文本联系起来，不能只看问题深浅优劣，并不是问题越深，与文本的联系就越紧密。教学不同的文章，必须依据具体的文章特质设计，不可千篇一律。当然，也不只是有问题才能将学生与文本建立联系，还可以有其他的途径，如活动（任务）、情境等。

（二）用活动将学生与文本相连

杜威说："教学的问题，乃是寻找材料使一个人从事特殊的活动的问题。"[①] 我们可以把"材料"看作是文本，把"特殊活动"看作是研究文本（学习）。当我们不必为寻找材料费神的时候，就需要思考如何让这个人利用材料从事特殊活动。

如果说用问题将学生与文本相连，是教师为了将学生带入作者创作的过程，了解作者的写作构思以及创作手法的被动地接受，那么用活动（任务）将学生与文本相联系，则是为了让学生对阅读更有兴趣、更有热情；如果说用问题将学生与文本相连，是从教师引导的角度使学生对文本有更清晰和深刻的了解，那么活动的意义是为了激发学生自身的主观能动性，让学生在参与活动（任务）的过程中，积极主动地与文本建立联系。

从设计活动（任务）的角度看，必须满足两个条件：（1）活动的形式必须能激发学生的兴趣；（2）设计活动的目的是使学生主动地与文本建立联

---

① 约翰·杜威.民主主义与教育[M].王承绪，译.北京：人民教育出版社，2001：146.

系。如果只关注其中的一个方面，那么这个活动（任务）可能就失去了其自身的意义。那些为了活动而活动，只重形式、图热闹的活动，是最不可取的。例如，在教学《卖油翁》时，让学生表演陈尧咨射箭与卖油翁倒油的活动，然后让大家评判哪位同学表演得好，从而表现出陈尧咨或者卖油翁的人物形象。这样的活动，看似是得到了学生的喜欢，好像激发了学生学习的兴趣，但是这种兴趣的关注点却不在文本中的人物，更多的是在关注表演者所呈现的人物。最后得出的陈尧咨傲慢与卖油翁谦虚的形象的结论，我认为即使不通过这一场表演活动，也是可以得到的。

要知道，教师设计活动（任务）的目的是让学生从事"特殊的活动"。如果这个活动（任务）并没有触发学生从事"特殊的活动"，那么就可以视作是失败的活动设计。因此，教师在设计活动（任务）时，视线不能落在活动（任务）的外在表现上，而应该关注文本。关注如何用活动打开文本"隐藏"的内容，这样的活动才能在激发学生兴趣的同时，使其所从事的"特殊的活动"变得有意义。

同样是讲《卖油翁》，同样是表演卖油翁倒油这个情节，我在让学生表演的时候是这样做的：表演前先准备好道具——矿泉水瓶、一次性杯子（装水），用来模仿卖油翁的葫芦和杓，如果有铜钱就更好了。然后让学生模仿卖油翁"取、置、覆、酌、沥"的动作，把杯中水倒入瓶中。活动的关键是，在学生表演的过程中，让表演者和观看者同时思考一个问题：文中所提的卖油翁的动作中是否少了一些必要的动作（行为）？整个活动要求表演者在表演时手脑并用，观看者也不能置身事外，所有学生都参与其中。对于表演者，活动设计的目的不是让他们获得演技上的喜悦，而是让学生在体验和迁移中实现对文本内容的探究。有了这样的理解，学生会更容易理解，欧阳修在写《归田录》时（已是晚年）写作手法已经到了炉火纯青的地步。如果一个常人按照文中所说的"取、置、覆、酌、沥"的动作去模仿，将水倒进瓶中不难，但要想瓶口不湿却很难做到。这是因为少了一个"瞄"。卖油翁没有瞄准的动作，放好葫芦就拿起杓向下灌注，上面的钱币还不湿，就这一字之差，便将卖油翁熟能生巧的形象生动地表现出来了。如果多了这个字，卖油翁也就不会显得那么厉害，也就不值得陈尧咨"笑"了。这个活动不仅让学生有了参与感，也让大家感受到大作家在用词和描写上的精妙，还让学生对文本有了更深刻的认识。

推而广之，如果组织学生朗读课文，那么也不要仅停留在声音是否响亮、情感是否充沛、有没有读错这些外在的表现，而是要多关注如何通过朗读的指导，让学生体会到文章语言的表达特点。

例如，在让学生读《说和做——记闻一多先生言行片段》这篇文章时，朗读者可能关注不到作者在写闻一多先生"做"时和"说"时，在用词上是截然不同的。在写"做"的时候，作者重点在强调闻一多先生"做"的不容易，所以在用词上是"不动不响，无声无闻""辛苦""艰辛""潜心贯注，心会神凝"等；而在写"说"的时候，则是为了强调"说"的气魄，"说"的力度，"说"的坚决，所以用了"呼喊""痛快""慷慨淋漓""声震天地"等词语。只有引导学生关注到语言形式上的变化，学生才能在朗读时发生相应的变化。而这些词语变化的背后，蕴含的是作者对闻一多先生的深刻的了解和真挚的情感。通过这样的变化，展现出来的是闻一多"成长"的形象，动态地再现了闻一多先生思想和行动彻底转变的过程，即闻一多先生在文化救国的道路上探索了十几年，仍然改变不了国民的面貌，当他意识到这一问题后，马上从"做了不说"变为"'说'了，跟着的是'做'"，完成了从文学家到革命家身份的转变。

所以，教师在组织学生朗读这类文章时，先要关注文章的内在逻辑，然后再用朗读的形式，把自己真正感受到的人物形象"读"出来。

我举这两个常见的教学活动，是希望能引起教师们在设计活动时的注意。教学活动多种多样，丰富多彩，不乏创新之举。就教学的不同阶段而言，有课前的准备活动、课上的教学活动和课后的作业活动等；从活动组织的目的来说，又可以分为激发兴趣的演绎活动、探究文本的辩论活动、深入生活的体验活动等；按照时间跨度又可分为短时间活动、长时间活动，时间的长短主要看任务对学生的挑战程度。例如，让学生根据某篇名著排一个课本剧，这就需要长时间的准备和排练。无论怎么变、怎么创新，都要着眼于文本的特征，都要服务于学生的学习。

（三）用情境将学生与文本相连

《现代汉语词典（第7版）》对"情境"的解释是"情景，境地"。杜威认为："情境应该具有引起思维的性质，当然就是说它应该提出一件既非常规的、又非任意的事去做。"[1] 在杜威看来，情境的性质是"引发思维"，而这种思维的表现必须受到理性的约束。"非常规的"是指情境可以使思维"异化"，即不同于常规思维方式或表现；"又非任意的"是指情境所触发的思维发展，是有目的性的。李吉林老师明确指出："情境教学是通过创设优化的情境，激起儿童热烈的情绪，把情感活动与认知活动结合起来的一种教学模式。"[2] 我们要讨论的是教学中的问题情境。我认为，教学中的问题情境是为解决真实问题，引发学生深入思考与理性分析的学习情景，这种情景能把学生与文本紧密相连，又能反映一定的现实生活，让学生通过情境进入文本，再通过文本走向生活。

基于这样的认识，我把情境分为用以解决教学问题的问题情境和用以辅助解决问题而设置的教学情境。为了更好地区分问题和问题情境，下面以《走一步，再走一步》中的一个教学情节做说明。

爸爸远远地站在悬崖脚下，这样才能看见我。他用手电筒照着我，然后喊道："现在，下来。"他用非常正常的、安慰的口吻说道："要吃晚饭了。"

"我不行！我会掉下去的！我会摔死的！"我大哭着说。

"你能爬上去，你就能下来，我会给你照亮。"

"不，我不行！太远了，太困难了！我做不到！"我怒吼着。

"听我说，"爸爸继续说，"不要想有多远，有多困难，你需要想的是迈一小步，这个你能做到。看着手电光指的地方，看到那块石头没有？"光柱

---

[1] 约翰·杜威.民主主义与教育[M].王承绪,译.北京：人民教育出版社,2001：169.
[2] 成尚荣.做中国立德树人好教师[M].上海：华东师范大学出版社,2021：164.

游走，指着岩脊下面的一块突出的石头。"看到了吗？"他大声问道。

  这几段文字描写了一个情况：爸爸并没有爬上悬崖救"我"，而是坚定地让"我"自己爬下来。这个情况可能与现实生活中大多数父亲的做法不太一致。这里就有一个问题：为什么爸爸不爬上悬崖，而是让"我"自己爬下来呢？可以说，这个问题抓住了文本的反常之处。但是这个问题又过多地关注了爸爸这样做的原因，也就是爸爸的行为，而忽略了这个行为背后所隐藏的爸爸的良苦用心，和一个善于教导孩子的高大的父亲形象。我们可以假设一下，当老师提出这个问题的时候，学生会怎么回答。因为课文中在这之前，还有一句是"我"看见爸爸时的心理："爸爸！但是他能做什么？他是个粗壮的中年人，他爬不上来。即使他爬上来了，又能怎样？"因此，认真阅读文章的学生，肯定最先想到的就是"他爬不上来"，所以才会让"我"自己爬下去。当然，老师可以通过追问：难道爸爸这样做仅仅是因为这个原因吗？还有别的原因吗？这时候，教学可能会陷入尴尬，因为学生根本不理解老师到底想要问什么，而老师也会很莫名，这么好的一个问题怎么就没能调动学生的思维呢？

  为了避免这样的情况发生，同时为了更好地撬动学生的思维，使其与文本发生密切的联系，我们可以设置一个情境问题：现在你就是文章中的"我"，当你做错了事（违反了母亲的警告）而使自己陷入困境（悬崖上），此时，你爸爸找到了你，他会不会像文章中的父亲一样，坚持让你自己爬下来呢？在文中父亲的行为背后，到底隐藏着一个父亲怎样的良苦用心呢？你又从中读到了一个怎样的父亲形象呢？请结合全文试做分析。

  这个情境问题的设置，先激发了学生对现实中自己父亲行为的思考。大多数孩子的父亲，可能会有两种反应：一种是先骂一顿，然后自己想尽办法爬上去救孩子；另一种是喊来帮手对孩子施救。很少甚至不会出现让孩子冒着生命危险，爬下悬崖的行为。在激发学生将文中父亲与自己父亲的行为对比后，学生开始把注意力放在文章中父亲这一不合情理的行为背后所蕴含的情感和人物形象。由情境问题引出生活中可能发生的情况，激发了学生的第一次思考。再通过一个与文本本质密切关联的开放性问题,促使学生对文本进行深入分析,进而由文本反观生活,获得独特的学习体验。

由此可见,教学情境的设置,是为了更好地使真实问题得到更全面的思考。为了让学生与文本发生更为紧密的融合,这时候学生所有的兴趣和关心,即自我和世界在一个向前发展的情境中交织在一起。①

为辅助解决问题而设置的教学情境,指的是教学情境本身与教学内容无关,但却能使学生在这样的情境中更好地发挥自己的主观能动性,积极地投入到学习中。也可以理解为教学氛围的营造,包括教师的态度、桌椅的摆设、教室的布置等。教学环境的变化,尤其是教师教学姿态的变化,可以让学生感受到学习环境是安全、自由的,进而敞开心扉。怀特海认为:"积极而富有创新精神的思维习惯,只有在充分自由的环境下才能产生。"②佐藤学称这种教学为"气息的交流"。教师俯下身去侧耳倾听、降低音量、神情舒展,都能让学生感受到被关心和尊重的气息。这时,教师可以适当地将讲台和时间交给学生,让他们自由地展示和发表。

例如,在讲《醉翁亭记》时,我就采用了这种微妙气息交流的方法,收获了非常好的教学效果。上课之时,我很坦诚地跟学生说:"老师这几天一直在研读这篇文章,但还是感觉自己对文章的分析和理解很不满意,今天我想听听大家对这篇文章的见解。"话音刚落,学生顿时露出了灿烂的笑容。我知道他们也想给我"上一课",于是便让大家安静地思考,想好之后再发表。让人意想不到的是,几分钟后,学生的发言非常细腻、清晰且深刻。有几位同学研究了文中的"也"字,他们认为,第一段的九个"也"字起到慢慢引导的作用,第二、三段的七个"也"字是为了使叙述的层次更分明,第四段的"也"字有层层递进的作用。有同学说,"者"和"也",是判断句的标志,读起来有韵味;借助"者"和"也",能使文章舒缓自如,洋洋自得。有同学认为写醉翁亭并不是为了记亭,而是为了抒情,作者要抒发情怀,就

---

① 约翰·杜威.民主主义与教育[M].王承绪,译.北京:人民教育出版社,2001:138.
② 怀特海.教育的目的[M].庄莲平,王立中,译.上海:文汇出版社,2012:43.

要用这样的语言形式。还有同学更是提出欧阳修在《醉翁亭记》中的"乐"是假乐,并非发自本心,并且给出了合理的解释。那一堂课让我真正意识到,学生的潜能是无限的。原来,自由、安全的学习氛围的营造,可以生发出许多意想不到的精彩。

"情境"一词在《课标2022》中出现了20多次,如情境化、真实的语言运用情境、交际情境、学习情境、语文实践情境、综合性学习情境等。可见,"情境"这个词不仅与教学密不可分,更是影响着语文教学的教学走向。作为语文教师,我们不但要理解好这些"情境"的意义,更要积极地在教学实践中合理地运用"情境"服务教学。

问题、活动、情境,都是使学生与文本密切相连的教学途径。它们可以彼此独立运用,也可以相互组合使用,如问题+情境、问题+活动、情境+活动,还可以三者同时运用,即问题+活动+情境。还是那句话,具体问题要具体分析,不能一概而论。

第二章

语文教师专业素养的深度修炼

第一节
对深度学习的深度思考

一、让深度学习真实发生

深度学习发生的前提是学习的发生,如果连学习都没发生,就更不要提深度学习了。我在第一章中提及的问题、活动、情境和兴趣都是在为学习的发生做基础的准备,因为我在十几年的教学实践中发现,让深度学习发生并没有想象的那么困难,反倒是一般性学习的发生是复杂且艰难的。所以,在讨论深度学习之前,我们必须正视,当下很难做到让每一位学生每时每刻都在学习。另外,我不同意完全否认传统教学,以及认为传统教学不能促使学生学习发生的观点。同理,我也不赞成只要运用了新理念、新方式的教学,就一定能促使学习发生的观点。我认为,学习的发生是学习者主观的学习意愿与客观的学习需求共同作用的结果。强调学生的主观意愿在学习中是否发生占主要地位,并不是否定教师在促使学生学习发生过程中的责任和作用。上面说的"客观的学习需求"包括学业评价、教学任务以及学习要求等,而最终促使这些"需求"得以落实的关键人物便是教师。事实上,作为教师,我完全能够理解每一位负责任的教师面对这些"需求"所承受的压力。也正是由于这些压力,使得教学就像"带着镣铐跳舞"一样。但也恰恰是因为教师尽责,在课堂上,我们才会经常听到很多用否定副词引发的短句，如"不要东张西望""不要聊天""不要影响别人"……其实，让学生做到这些"不要"对于教师而言，是再容易不过了。困难的是，让那些肯定性词语引发的情况发生，如"应该动脑思考""要学会倾听""必须注意力集中"……换句话说，如果一节课，学生能自觉思考、认真倾听、集中注意力，就可以说他的学习发生了。需要注意的是，不动脑、不倾听、不集中注意力，并不只是个别学困生的行为，而是所有学生都可能存在的普遍情况。因此，在处理这种情况的时候，不能一概而论——用简单的提醒或者严厉的批评制止，要针对不同情况逐一解决。

从 2020 年开始，我便试着用手机将自己的课录下来，以便研究和反思。在回看录像的时候，我发现除智力因素和纪律因素外，还有两种无效的教学情况：（1）当我照本宣科，念着一些"陈词滥调"的时候，坐在后排的几位成绩优异的学生便开始做自己的事了。他们不东张西望，也不会影响他人，但很明显他们并没有在听我讲的内容。显然，他们对老师的教学是有预期的，自己的学习目的是明确的，他们非常清楚自己需要的是什么，当老师的教学内容无法满足他们的需求时，他们便选择独自学习，这时教学对他们而言是无效的。（2）对于一些比较内向不常发言的同学，当老师想在其回答的基础上进一步追问时，他们多数是沉默不语。导致这种情况发生的原因可能是复杂的，如性格使然、只知其一不知其二、对老师有惧怕感等。我想，这两种情况在日常教学中应该比较常见。这时，我们不禁要问，遇到这样的情况，教师应该如何破解？是放任自流，还是强行制止或者一对一讲解清楚所追问的问题？

（一）学习主体的变革

分析前面提到的两种情况，有一个共性特征需要引起注意，即无论是"照本宣科"式的讲解，或是对话式的追问，起主导作用的都是老师。单从学习的目的来看——学生要听老师所讲授的内容，学生要回答老师所提问的内容，教学的主导者和问题的提出者都是老师，老师对学生的学习内容和学习形式有决定权。老师决定了一节课要学什么内容，谁来回答问题，包括对回答的评价等。看上去老师对教学具有绝对的掌控权，但是一旦发生上面的情况，老师往往会束手无策。明知自己所讲的内容无法引起学生的兴趣，却还是要硬着头皮讲，明知学生的性格与水平，却依然要点对点的提问，难道这样真的是尽责吗？难道这样真的是关心学生吗？难道我们就不能做出一些改变吗？

我前面说不赞成完全否认传统教学，主要原因是，我认为，"要怎样才能让学生获得好成绩"的想法是教师负责任的体现，但是我不提倡"只见分数不见人"的做法，毕竟靠分数改变命运的时代已经过去了，而且即便是获得了高分，也不意味着就一定能为社会和国家做出贡献。现在教学的主要矛盾已不再是分数与命运的问题，也就是说，从教学本身的思考而言，又再次回到了三四十年前"教"与"学"最初的拷问——为什么而教，为什么而学。《课标2022》在前言中便明确指出："随着义务教育全面普及，教育需求从'有学上'转向'上好学'，必须进一步明确'培养什么人、怎样培养人、为谁培养人'，优化学校育人蓝图。"并将"全面落实有理想、有本领、有担当的时代新人培养"作为培养要求。在以知识为核心的教学背景下，我们有责任让学生通过分数改变命运；在以素养为核心的新时代背景下，我们也有责任做出改变——从育分转向育人。也就是说，在教学内容不变的情况下，教师要从思考"我要怎样教"转变为思考"如何让学生学"。强调让学生"学"，并不是弱化教师的作用，而是教师通过改变教学设计，实现把学生放到跟教师同样高，甚至比自己还要高的位置。

因此，我们有必要对第一章中提到的"问题"，做进一步的阐释。

首先，让学生带着问题进课堂，保障学习的发生。无论是学习新课还是复习，都要让学生带着问题听课。因为，教师的教学思考是为教学目标服务的，因此，无论是在思维逻辑还是在语言表达上，都会非常直接地围绕教学目标展开。但学生的思维受限于知识和阅历等因素，无法与教师进行同等水平的对话。他必须先满足（达成）自己的认知水平范围内的思考，才能以之为脚手架提升自己的思考高度，并实现与教师的"平等"对话。也就是说，学生要先让自己的学习发生，然后才能让深度学习发生。让学生带着问题进课堂，就是为了让学生的学习发生。课上的学习可能并不是学生要解决的问题，但是在学习的过程中，他会不断地寻找与自己的问题相匹配的学习内容，包括同学的回答、老师的讲解等。当这些内容引发了他的共鸣，他便找到了问题的答案。如果这些内容恰好与他的设想相矛盾，他便会重新审视自己对问题的理解，进而将学习引向深度思考，也就是发生深度学习。"寻找"是为了实现学习目标，"矛盾"则是让学习深化。

其次，核心问题，需要由一个活动或者一个基础性的"上位问题"引发。鉴于学生学习水平的不同，直接提出具有相当难度的核心问题，可能会给学生的思考带来巨大的障碍，甚至使其失去研究的信心。因此，教师有必要先从基础性问题或者活动入手，减轻学生的思想负担，活跃学生的思维，然后再顺势提出核心问题。就像《孙权劝学》，如果孙权在"蒙辞以军中多务"之后，不改变劝说的策略，用"孤岂欲卿治经为博士耶"这样的反问，以及"卿"这个称呼进行情绪安抚，使吕蒙放下思想负担，接受自己的学习建议，又怎么会有后来的"士别三日，当刮目相待"的深度学习呢？

例如，在讲《背影》时，教师可以提一个相对简单、所有人都能回答上来的问题，即"上位问题"——文中一共写了几件事，用简单的语言概括一下。概括事件对一个初中生而言是比较容易的，能够让学生整体把握文章内容。在学生进行概括之后，教师可以引导学生进一步关注事件中父子二人对对方的态度，然后引出核心性问题：父亲对"我"的态度和"我"对父亲的态度有没有发生变化？结合文章内容分析态度中"变"与"不变"的原因。

我在借班上课之前，总会跟学生玩一个游戏——让大家通过我给的信息，猜我的名字。方法很简单，但效果很好。这样做不仅是为了拉近师生的关系，也是为后面的学习提供一定的方法引导。待学生猜到我的名字后，我会问：为什么我的父亲要给我起这个名字呢？学生会说，可能是因为我在春天出生，当时又正好下雨。这时我就会告诉他们，我是在春天出生的，但那天并没有下雨。那么问题又来了，为什么我出生的时候明明没下雨，我父亲却给我起了个带"雨"的名字呢？学生也许又会说，因为"春雨贵如油""好雨知时节，当春乃发生"，起这个名字代表我父亲对我的喜爱。之后我会继续让学生推测我父亲的职业。这个小小的互动环节，其实就是一次从学习到深度学习的过程。猜名字的形式激发了学生的兴趣，通过现实与名字中存在的矛盾，让学生的学习与自己的已有知识相结合，调动思维向纵深发展。再通过学法总结——关注信息中的矛盾之处，才有可能揭开问题的答案。为游戏暂时画上一个句号的同时，就开启了正式的学习。

例如，我在做完这个游戏后，直接让学生找找《江城子·密州出猎》这首词中的矛盾之处。结果很多同学都发现"老夫聊发少年狂"与现实矛盾，应该说"老夫聊发老年狂"才对。学生能根据所学发现问题，足以说明他们的学习在向深度学习前进了。

猜名字的游戏不变，但针对不同的讲课内容，我引导的重点会发生变化。例如，在讲《愚公移山》时，我借了同年级组其他班级上课，我问学生是否知道我的名字，学生说认识我（因为是本校教师），但不知道我叫什么。我说："对这种在身边的认识却又不知道的人，我们一般称之为什么人呢？"学生回答："陌生的熟人。"我又说了几个明星的名字，问学生是否认识。学生表示认识，并且有些同学对他们还很了解。我又说："对于这种明明不认识却又很了解的人，我们称之为什么人呢？"学生回答："熟悉的陌生人。"之后我便说："熟悉的你不一定认识，认识的也不一定就是你熟悉的人，今天我们就用这种辩证的方法，来学习《愚公移山》。"以上导入环节意在拉近师生关系，同时引出学习法，服务学习任务。

我认为，在从学习发生到深度学习发生的转变过程中，先要关注学生的学习心理，情感的融入是促成学习发生的关键环节，也是从学习走向深度学习的关键环节。然后再关注学习的方法，教师要有意识地在学习过程中渗透"学法"，通过"学法"撬动学生的思维，让学生进一步理解学习内容，这时候深度学习就发生了（见下页图）。

深度学习操作框架图

通过分析上图也可以发现，在从学习发生到深度学习发生的过程中，教师是问题引发者和学法指导者，学生的学习并不是由教师讲解实现的，学生从与文本的情感联结到与思维联结，是靠"核心问题"和"学法指导"实现的。这就意味着，在整个学习过程中，教学设计的主要服务对象是学生的情感和思维，学生是不折不扣的学习主体。学习新知的产生，依赖于"学法指导"引发的深度思考。

为了实现一节课的阶段性目标，我往往会利用课堂的最后几分钟，让学生自己完成板书的设计。黑板上散乱的思考，需要学生自己重新规划整理。如果上课的时间不够，就留作课后作业——用思维导图整理上课思路。当然，这不仅限于对板书的设计，可以是现场总结、回顾整节课的学习方法；也可以是在课后根据课上所学，选一个角度写一篇关于这篇文章的文本解读等。

（二）课堂对话形式的变革

目前班级授课制的一般性教学，回答问题的主要形式有三种：老师点名、举手申请、小组推选。巧合的是，这三种回答形式指向的都是一类同学：积极思考、踊跃发言者。他们是家常课上老师的"红人"，也是公开课上老师的"救命稻草"，无论是独立学习还是合作学习，他们都显得格外引人瞩目。他们的学习是良性循环的，积极踊跃为他们争得了更多的表现机会。表现的机会多了，也就使他们获得的表扬更多。老师的表扬多了，他们自然会变得更加自信。一旦一个人有了自信心，他的思维创造力就变得敏锐了。这里所说的课堂对话形式的变革，并不是要"打压"这类同学，而是要让那些处在非良性循环学习中的同学也进入到良性循环的学习轨道。

　　以学生为主体的学习过程一定是不顺畅的。教师有自己的教学设计，教学按照预设有节奏地推进，这是完美课堂的设想。现实情况是，学生一旦打开思维，便会生出许多让教师无法预料的想法，有深的、浅的，也有天马行空不着边际的。对这些回答的处理，需要教师对文本有充分的解读，对教学走向了然于胸，更要有极强的临场应变能力。这样的课堂不是一般人能够驾驭的，尤其是在问题无法推进、面临尴尬的境地时，教师总是用充满期待的目光扫视全班，希望有一位同学能站出来，这就是教师对学生的依赖。一旦有学生举手，一般情况下，教师会马上让这位同学发表观点。然后可能不论对错，教师都会把自己的想法说出来，使课程继续推进。这样做的结果是，教师顺理成章地往下讲，学生也就顺水推舟地往下听，但这样的对话还是停留在形式上。虽然教师已经给了学生表达的机会，并且对学生的回答给予了相应回应，但是，这种回应是教师给出的解释，并非是学生自己探索的发现。止步于"一问一答"的对话形式，阻断了学生思维的连续性和深刻性，并没有对他们应对复杂问题起到良好的指导作用。教师上课时，不应该惧怕沉默，也不要把希望寄托在某位同学身上。如果问题设计对学生而言确实具有一定的挑战性，那么在学生沉默的时候，就应该发起一次讨论。一人之力难以解决，那就发挥合作的力量；一时难以解决，那就多给时间。如果这个问题确实涉及文章深刻的内涵，并且在没有资料辅助的情况下，确实难以解决，那就顺势留作课后作业，让学生带着问题出课堂。教师也不要因为回答不上学生的提问而感到难为情，就像韩愈说的，"弟子不必不如师"。如果学生总能让你在上课的时候感到"捉襟见肘"，那就意味着你的专业素养很快会得到提升。

　　在一些学生的心里，回答问题是某些学生的责任和专利。这样的想法是不可助长的，这时一定要让学生清楚：回答问题是所有人的权利，每个人都可参与。因此，教师在提问时可以不必让学生举手示意，给出一定的思考时间之后，直接以"开火车"的形式让学生依次作答。如果给出一个回答问题的数量，一节课下来，参与回答问题的学生可以在 20 人次以上。如果回答不上来也没关系，但要让学生意识到，老师会随时提问他。这种平等回答的机制，学生自然会有危机感，在遇到不懂的问题时就会主动向他人请教，而不是一味地等待老师的解答。

合作讨论之后，也不应该由一人代表其他同学发言，而是应该让参与的同学一起回答。可以以一人为主答，其他人补充。这样就可以避免在讨论时，有同学开小差，或者根本不参与讨论。每次讨论之后应由不同的同学作为主答人，大家轮换，每个人都要有做"主答"的意识和责任。

还要改变教师和一部分学生的依赖心理。教师要给所有人回答问题的机会，要把那些课堂上的"看客"和"局外人"拉进来。可以允许同学在一定的时间内不参与同教师的直接对话，但一定要参与和同学的交流。要让所有人都有一种想法——我想听听你的观点，要让小组成员间相互鼓励、相互学习，建立互惠互利的学习团队，让每一个人都成为课堂的主人，在平等、开放、互惠的学习中获得知识，提升技能和自信。

二、追求理解的深度学习

学习主体和对话形式的改变，必须依靠教学设计来实现。我曾一度认为，好的教学设计就是为了将学生引入文本的更深处，最好是让学生能与作者直接对话，理解作者的写作意图。后来我发现自己对这句话里的"理解"的理解有些狭隘。因为，把作者的写作意图当作学习的终极目标，就好比寻幽访胜一样，往往是仁者见仁，智者见智，没有人能够保证自己的理解就是作者的意图。另外，即便是明白了作者的写作意图，又能怎样呢？可以肯定地说，教材里的任何一篇选文，对于初中生而言都具有一定的理解"距离"。即便是在教师的指引和带领下，能够拉近学生与文本之间的距离，甚至使距离消失，但教师却无法保证，学生能真正地理解文本。即便是理解了这一篇，也无法保证学生能够将应对这一篇的方法，运用到这一类文体上。要知道，教师备一节课，需要读很多遍文章，看很多篇文献资料，即使这样也无法保证能够将文章弄明白、讲清楚，更不用说一个初中生了。所以，教师一旦偏执地追求一种"深度"，就有可能陷入一种"迷失"的教学状态中——着迷于文本的深度挖掘。因此，评价"深度学习"是否发生的标准，不是对文本挖掘的"深度"，而是要看学生在学习过程中能否全身心地投入，能否持续地思考和探索，进而实现自我认知的更新。

正如王尚文教授所说："语文教学的核心任务就是教师引导学生去发现、感悟课文美好的语文品质，进而探究它生成的原由，使学生得到借鉴，最终达到提升自身语言作品的语文品质的目的。"[①]那么追求理解的教学，教师该如何引导学生呢？又要将学生"引"向何处呢？要弄清楚这些问题，就有必要对"理解"做进一步的阐释。深度学习中的"理解"，应该是双向、多维的。双向，是指教师和学生之间作用与反作用的关系；多维，是指教师、学生从不同角度深入理解作者的写作意图与编者的编写意图。教师要理解编者之用、文本之旨、学生之需；学生则要理解教师之意、文本之用、同伴之言。要想实现这种"理解"，教师可以从以下几个方面做些尝试。

（一）减少环节，直奔主题

减少环节，是指减少一些对文章理解可有可无的，以及对学习方法的习得意义不大的教学环节，如没有目的的朗读以及为了活跃气氛的"表演"等。减少这样的教学环节的目的，是为了突出教学主题（学习目标）。如果不是以朗读技巧的学习作为目标的教学，大可不必通篇全读文章。

我不愿意花太多的时间让学生通过朗读加深理解，也不愿意花很多时间在分析课文的时候培养学生的语感。因为，我备课一般不看教参，也不参考他人的解读，所以我知道要读懂一篇文章（读出作者蕴含在其中的情感）需要多长时间。因此，让学生通过几分钟的朗读，理解或者发现文中的奥妙是不现实的。朗读的目的不应是理解文章的内容，而是服务于语言学习。例如，学习《故乡》时，在闰土出场前，有一句话是写"我"的表现的，很值

---

① 王尚文.语文品质谈［M］.上海：华东师范大学出版社，2018：4.

得朗读体味一下。文中写道："我看时，不由的非常出惊，慌忙站起身，迎着走去。"如果只让学生读这句话，并分析一下词语的表达效果，那么读一遍和读十遍的结果可能是一样的。因为学生读一遍便能知道大致的意思，读了十遍后，他的理解可能也仅限于这句话的表达效果——写出了"我"见到闰土时的惊讶和激动。这样的分析和朗读，对学生语文品质的提升是毫无意义的。要想让学生通过朗读加深理解，可以将原句稍作调整，进行比较阅读，这样做，朗读的目的和效果才会体现出来。例如，将原句中的"不由的"去掉，将"慌忙"改为"急忙"，让学生通过朗读进行比较分析。"不由的"和"慌忙"二词可谓深得"春秋笔法"的精髓，强调的是无意识状态下人物的直观表现，这种白描式的人物神态的描写是写实的。而这种无意识的"惊讶"与"慌乱"的状态，同"我"这个走南闯北、见多识广的人物形象极为不符。这种反常的表现体现了"我"虽然知道闰土要来，但当他出现在"我"面前时，却出乎了"我"的意料。这种出乎意料，既有"我"对闰土到来本身的惊讶，又有"我"对闰土变化的惊讶。先朗读思考，再分析比较，最后朗读体会。朗读不能直接转化为思考的结论，必须借助分析将思考所得内化，最后再以朗读结束，则是为了利用记忆存储分析的过程，学习分析文章的方法。

据此，可以将阅读教学的环节分为发现问题、解决问题、归纳策略（学法）三个阶段。发现问题是直接或间接指向学习策略或者学习方法，解决问题的过程就是对策略和方法的使用过程，归纳、总结则是将策略方法从实际的学习过程中抽象出来。这样一来，与问题分析旁逸斜出的内容或环节就可以忽略或一带而过，将时间集中起来，解决主要问题，实现学习方法的获得。

（二）引导点拨，走向开阔

在追求理解的深度学习设计中，教师的作用是至关重要的。无论是发现问题还是解决问题，都离不开教师的引导和点拨。要想让学生在学习中有所收获，教师要先在心中跟学生下一盘棋。

首先，教师必须非常清楚想让学生学习什么，也就是明确学习的目的。

然后，教师要预设出学生可能的生成。这些生成既有教师有意识引导、点拨的作用，也有学生自己的创造。怎样利用这些创造性的理解，展现的是教师的专业素养和教学艺术，同时也体现了教师对文章的作者与教材编者的理解。学生学习之前，有必要了解教师的教学目的。那么，对于不同文体、不同特点的文章而言，教师的教学意图是不是也同样发生变化呢？我以为不全是，因为教师的教学意图就是如何更好地利用文本，实现学生语文品质的提升。如果从理解文本之用的角度来说，教师的教学意图无非是让学生理解作者写了什么、怎么写的，以及为什么写这几个方面的内容。下面仍以《故乡》中"不由的非常出惊……"一句为例，说说教师该如何在关键内容上进行引导、点拨，使学生从思想的深刻走向视野的开阔。

从文章的逻辑上看，这句话与上文的关系不大，但与闰土的出场关系更加密切。闰土的出场又是分析闰土这个人物形象不可缺少的环节，这样看来，"我看时，不由的非常出惊，慌忙站起身，迎着走去"这句话，与人物形象的分析有着千丝万缕的联系。这样一来，就自然会产生一个问题：去掉这句话，会影响闰土的出场吗？或者说，去掉"不由的"和"慌忙"会影响闰土的出场吗？会影响闰土的人物形象分析吗？如果从这句话开始分析作者后面的行文思路，还真不影响。因为这句话就是为了突出"我"见到闰土时的惊讶，多了两个形容词不过是让这种惊讶的程度加深罢了，并不影响闰土这一人物形象的塑造。因此，要想真正理解这句话的作用，决不能将目光仅限于相邻两段之间的逻辑关系，必须通观全局、整体把握。其实在闰土正式出场之前，作者运用了相当一部分笔墨，通过母亲与"我"的对话，引出"我"对"我"和闰土童年往事的回忆。在这段回忆中，作者不但交代了少年闰土的形象，还交代了二人之间的深厚情谊，以及由这段回忆产生"似乎看到了我的美丽的故乡"的感受。于是一条线索浮出水面——闰土的形象以及"我"与闰土的情谊，是故乡给"我"的仅存留的一点美好的记忆。而这个美好的记忆，却在"我"看到闰土（闰土出场）时，被眼前闰土的外貌的变化打碎了一半。而另一半则是在闰土叫"我""老爷"之后——闰土麻木的现状，彻底击碎了"我"对故乡的所有美好的印象。以至于在"我"离开故乡后,"我"的"惘然""气闷"与"悲哀"的情感,都与闰土的形象紧密关联。

由此可见,这看似平常的一句话,竟然是理解整篇文章的关键。因此,将这句话作为切入口——可以在分析语言表达的过程中自然提问,然后在老师的引导下,引出对文章行文思路以及主题思想的分析,可以通过追问的方式提出问题:结合全文说说这句话与人物形象的塑造有何关系。从分析词语的表达效果,到分析作者的行文思路以及主题思想,是学习不断走向深刻的过程。但追求理解的深度教学,不能仅限于对一篇文章内容、思路和思想的分析,还应该顺势而进,让学生从思考的深刻走向视野的开阔,在思维提升的同时,获得学习方法的指引。

当老师把教学引向人物形象分析的时候,就无法回避文章中的另外一个人物——杨二嫂。从学习方法的角度,可以从杨二嫂与闰土的形象中提炼出一些写人物的方法,用于日后的写作。对于小说而言,作者在闰土和杨二嫂出场方式上的写作手法是值得研究的。二人的出场方式有相似,也有不同。相似的是,两个人物的肖像都是借着"我"的眼展现的。不同的是,杨二嫂的出场是先对其进行语言描写,而后是通过"我"的视角写她的外貌;闰土的出场则是直接通过"我"的视角展现的,而在闰土出场之前,作者又通过写"我"的回忆再现了少年闰土的形象。通过比较二人的出场方式,可以让学生进行总结,进而得出人物出场的方法(写法)——杨二嫂的出场属于"先声夺人",闰土则是在渲染烘托之后出场的,且运用了对比的写作手法。这样一来,可以循着写法稍作引申,进行1+X阅读。例如,引入《林黛玉进贾府》中的王熙凤的出场作为阅读材料,然后再回到《故乡》,体会人物的出场方式与人物形象之间的关系。

从课内到课外,再到课内,这个过程是帮助学生开阔视野的过程,也是落实学习方法的过程。在老师的引导下,学生的学习从深刻走向了开阔。《礼记·学记》中说:"君子之教喻也,道而弗牵,强而弗抑,开而弗达。"引导不是告知,更不是牵着学生的鼻子走,而是在学生出现阅读障碍的时候,通过点拨让学生有拨云见日之感,在学生思考肤浅的时候,引导他们进入一条深入学习的路径。

第二节
文本的深度解读之审美解读
——以《春》为例

  《春》这篇散文是朱自清1933年发表的，此后长期被中学语文教材选用。作为一篇经典之文，这篇文章可以说是语文教材里的一棵常青树，经历了众多课改浪潮后依然能出现在语文教材中的最重要的位置——第一课。我猜可能是因为这篇文章写得实在是太美了，所以无论是从实用的角度还是从审美的角度，教材编者都不愿意将其删除。多数教师的文本解读和教学处理，都停留在对文中"五幅图景"的分析和讲解上。这其实是对经典文本的浪费。克罗齐说，要判断但丁，我们就须把自己提升到但丁的水平。我的理解是，克罗齐建议大家在读但丁的时候要有一种态度。同样的道理，教师要讲《春》，也要寻求同作者一样的姿态。如果作者在创作之时，想让读者感受到"美"（我对这篇文章的直觉感受是美），那么我们在做文本解读时就应该把重心放在对"美"的欣赏上。

一、什么是审美的文本解读

  "审美的"一词起源于于希腊文"aisthētikos"，原意为"感觉"，即见到一种事物而有所知。这种"知"就是克罗齐所说的"直觉的"知。朱光潜认为，凡是"美"的感觉都由直觉生出。审美的解读，是在直觉的基础之上进行的阅读，属于审美的活动。我理解的"审美的文本解读"，就是用美学思想去解读文本。

试举一例加以区分"审美的文本解读"和"文本解读"：《春》中有一句，"园子里，田野里，瞧去，一大片一大片满是的"。如果用常规的方法解读这句话，那一定会关注句中叠词的使用，来突出春草之多。但是审美的文本解读，关注的重点不在突出春草之多，而在彰显作者看到春草时的心情。试想一下，如果一个农民看到园子里和田野里都长满了草，会和作者有一样的心情吗？这就涉及朱光潜先生著名的美学态度：我们对于一棵古松的三种态度，即实用的、科学的、美感的。农民看到草长在园子里和田野里会非常不高兴，因为他要先除草才能在"园子里""田野里"耕种，这就是对待事物的实用态度。但作者却不用担心草会耽误庄稼的生长，他关心的是在相对平坦的土地上出现了"一大片一大片"的春草，在经历了寒冬之后，人们终于可以在草地上"坐着，躺着，打两个滚，踢几脚球，赛几趟跑，捉几回迷藏"了。这就是审美的态度，只有抛去物质原有的属性，才能达到审美的境地。"一大片一大片"的草对作者而言，审美的意义是巨大的，但对于讲究实用价值的农民而言，"草"在这里是毫无用处的。所以，作者在句子中使用了"瞧去"一词，这样的"一大片一大片"的草，仅是给作家和诗人创作和联想用的。再如，第六段中写春雨的三个比喻句"像牛毛，像花针，像细丝"也可以用同样的方法分析鉴赏，雨能滋润万物，这在杜甫的《春夜喜雨》中得到很好的证明。但是作者这里却不写雨的实用性，而是将之作为观赏的对象，所以在三个比喻句之前还有一个"看"字。

二、对于《春》的审美的解读

对这篇文章进行审美的解读原因有二：一是上文提到的，《春》无论是谁来读，无论怎么读，都给人以美的感受，既然如此，在解读时肯定要着眼于"美"的发现。二是为接下来的上课准备。对于像《春》一类的内容、情感和主题相对明了，语言极为优美的文章，教师在教学设计时应倾向于对文章内涵的"欣赏"和语言的"品味"上。

（一）化用经典诗句，彰显文化底蕴

这篇文章无论怎么读，都能给人以美的享受，这是因为它与诗有着不解之缘。殷玉香老师在《诗意盎然春之歌——摭谈朱自清诗化之〈春〉》一文中写道："《春》更是诗意盎然，以明快婉转的诗化语言、善于运用侧面烘托的诗歌表现手法、情景交融的诗化意境为我们谱写了一曲春之赞歌。"①

文章里化用诗句是很常见的，但这篇文章却满是诗的影子。作者将诗句或拆分重组，或巧妙化用，或直接引用。比如：读到"大小的蝴蝶飞来飞去"和"鸟儿将窠巢安在繁花嫩叶当中，高兴起来了，呼朋引伴地卖弄清脆的喉咙，唱出宛转的曲子"，会让人想到名句"留连戏蝶时时舞，自在娇莺恰恰啼"。只是将本属于一首诗中的句子拆分开来，将"黄四娘家"花间之蝶，引到了树下；而文中繁花嫩叶中的鸟儿不正是诗中在满树繁花上自由鸣叫的"娇莺"吗？

又如：看到"红的像火，粉的像霞，白的像雪"，不由得想起"万紫千红总是春"这句诗。朱熹的诗意在表现春天繁花似锦的情景，而文中的三个比喻也有异曲同工之妙。"火""霞""雪"不仅代表了三种不同的颜色，更能写出桃树、杏树、梨树花开的茂盛——一树的"火"，一片的"霞"和一层的"雪"。当读到"野花遍地是：杂样儿，有名字的，没名字的，散在草丛里，像眼睛，像星星，还眨呀眨的"，会不会想到"乱花渐欲迷人眼"这句诗呢？

再如："吹面不寒杨柳风"，在众多的古诗之中，作者对这句诗是情有独钟的，所以保留了它原有的面目。这其实也是作者的匠心独具之处：风本是看不见摸不着、无色无味的，但作者又要把它写出来，就必须借助不同的手法，调动人的各种主观感受。这句诗就是从"触觉"的角度，只写春风温暖

---

① 殷玉香.诗意盎然春之歌——摭谈朱自清诗化之《春》[J].文教资料，2011（1）：16-18.

的特点,作者却在此基础上又将春风温柔的特点用"抚摸"一词比拟出来。

对诗句创造性的运用,给文章增添了厚实的文化气息和美的意境。诵读此文就好比游览园林一般,三步一廊,五步一亭,正闲庭信步时忽又见一泉,美景可谓层出不穷,让人流连其中,不忍离去。

(二)起于有我之境,追求无我之境

对于"意境",宗白华先生在《美学的散步》中这样写道:"以宇宙人生的具体为对象,赏玩它的色相、秩序、节奏、和谐,借以窥见自我的最深心灵的反映;化实景而为虚境,创形象以为象征,使人类最高的心灵具体化、肉身化,这就是'艺术境界'。"[1]王国维把境界分为"有我之境"和"无我之境",其文曰:"有我之境,以我观物,故物皆著我之色彩;无我之境,以物观物,故不知何者为我,何者为物。"[2]"有我之境"所描写的景物都带有自己的主观感情色彩;"无我之境"是达到了物我合一的境界。

这篇文章虽然是散文,但作者的描写却有意无意地暗合了这两种境界。文章开篇"盼望着,盼望着,东风来了,春天的脚步近了",两个"盼望着"重叠使用,带有强烈的主观情感,体现了作者在经过长久地等待之后的那种期盼和热望。从有我之境起笔,在开篇便奠定了文章的情感基调。

我曾试着在文中写人物活动的句子中加入一个"我"字,但是无论放在"盼望着,盼望着,东风来了,春天的脚步近了"之前,还是放在"坐着,躺着,打两个滚,踢几脚球,赛几趟跑,捉几回迷藏"之前,都感觉突兀。后来一想,原来作者写的不只是自己对春的感受,而是大多数人对春的普遍的感受。所以当严冬过后,我们每个人对春天都是充满了期盼,当人们突然看到园子里、田野里的一大片一大片的草时,大人们都会想去坐一坐,躺一躺;孩子们都会想去打两个滚,踢几脚球,赛几趟跑。文章肌理紧凑,一字不可多加。犹如宋玉笔下的"东家之子"(东家之子,增之一分则太长,减

---

[1] 宗白华.美学的散步[M].北京:人民文学出版社,2022:144.
[2] 王国维.人间词话[M].北京:北京联合出版公司,2015:5-6.

之一分则太短；著粉则太白，施朱则太赤)。《文心雕龙》中也说："篇之彪炳，章无疵也；章之明靡，句无玷也；句之清英，字不妄也。"

"小草偷偷地从土里钻出来，嫩嫩的，绿绿的。"这句话是写小草破土而出时的质地和颜色，用"钻"来突出它的生命力。句中词语的使用都十分准确精彩，其中，"偷偷"一词更值得品味。"偷偷"的主体是小草，但却用来表达客体——人们看到小草时的惊讶之情。从小草的角度来说，生长是一件很自然的事，但人（作者）要表达突然间看到小草的惊喜，于是用了具有人物行为特征的"偷偷"。就是这种"融情于物"的写法，让我们再三品读之后，仍无法分辨究竟是小草在看作者（人），还是作者（人）在看小草，这就进入到了"无我之境"的状态。

再如，文中写"桃树、杏树、梨树，你不让我，我不让你，都开满了花赶趟儿"。这句话中出现了"你"和"我"两个人称代词。当读者仔细审视的时候就会发现：桃树、杏树、梨树是"你"中有"我"，"我"中有"你"，根本无法判断，哪种树是"你"，哪种树是"我"。这其实也是作者把自己融入了树中，以树的视角看彼此。王国维说："无我之境，人惟于静中得之。"[①]虽然作者在写草和花都是在极力凸显它们生长的状态，表达的情感十分热烈，但是这种真挚而热烈的情感恰恰是作者在平静的状态下写就的。这种写作的状态可以用一句经典的诗句来形容："心有猛虎，细嗅蔷薇。"作者在经历时和写作时是两种截然不同的状态，经历时是情感激荡，写作时却要心静如水，才能把当时的那种情感细致入微地表达出来。

从有我之境到无我之境，是作者潜移默化地将诗的境界化用到了散文的创作中。

（三）借助印象手法，营造朦胧意境

印象手法，指从印象派画法中演化而来的一种文学创作手法。印象派画家认为，景物在不同的光照条件下有不同的颜色，他们的使命便是忠实地刻

[①] 王国维.人间词话［M］.北京：北京联合出版公司，2015：8.

画出在变动不居的光照条件下的景物的真实。宗白华先生认为，近代的印象主义是极端的描摹目睹的印象。① 当然，即便是纤毫毕现的描摹，绘画也是有别于现实的，印象毕竟是印象。文学意义上的印象手法，需要将瞬间的感觉（印象）转换为情感状态。朱自清在《春》中也用到了印象手法，如对"春雨"的描写部分：

雨是最寻常的，一下就是三两天。可别恼。看，像牛毛，像花针，像细丝，密密地斜织着，人家屋顶上全笼着一层薄烟。树叶子却绿得发亮，小草也青得逼你的眼。傍晚时候，上灯了，一点点黄晕的光，烘托出一片安静而和平的夜。乡下去，小路上，石桥边，有撑起伞慢慢走着的人；还有地里工作的农夫，披着蓑，戴着笠的。他们的草屋，稀稀疏疏的，在雨里静默着。

这段文字中的景象是"朦胧"的，但作者却极力地为读者描绘这种"朦胧"的印象，使之"清晰"可见。"树叶子却绿得发亮，小草也青得逼你的眼。"雨可以洗淋树叶和小草，使之焕发本色，但要达到"发亮"和"逼你的眼"的效果，仅有雨是不够的，还必须借助光。所以，这句话是写白天雨给作者的印象。"傍晚时候"，光源发生了变化——有了灯光，作者对傍晚的印象则是借助了这点"黄晕"的光烘托出来的。这种感觉依然是朦胧的，但作者却在努力地将他的印象清晰地描摹出来——"乡下去，小路上，石桥边，有撑起伞慢慢走着的人；还有地里工作的农夫，披着蓑，戴着笠的。他们的草屋，稀稀疏疏的，在雨里静默着。"

说这段文字是印象手法的另一个原因源自朱自清的《欧游杂记》一书。作者在1931年8月留学英国，在此期间漫游欧洲，1932年7月回国后写成《欧游杂记》和《伦敦游记》，并于1934年9月出版。这两本书都是采用"印象手法"写成的。《春》发表于1933年7月，作者此时已经回国，且在清华大学任教，因此，在这篇文章中使用了印象手法也是能说得通的。例如，在

---

① 宗白华. 美学的散步 [M]. 北京：人民文学出版社，2022：136.

《欧游杂记》一书中,作者是这样描述"佛罗伦萨大教堂"的:

这不独是线形温和平静的缘故,那三色的大理石,带着它们的光泽,互相显映,也给你鲜明稳定的感觉;加上那朴素而黯淡的周围,衬托着这富丽堂皇的建筑,像给它打了很牢固的基础一般。夜晚就不同些;在模糊的街灯光里,这庞然的影子便有些压迫着你了。

这段文字可以看作是采用"印象手法"的例子,所描写的印象也是借助了光的烘托,清晰地描摹了在光与影的作用下夜晚的大教堂的模样。

《春》之美不仅融合了古诗的意境,也模糊了诗与文的界限、物与我的界限、实与虚的界限,再加之浓郁的情感的注入,使得整篇文章的美如汩汩清泉,流淌在读者的心中。

第三节
文本的深度解读之文本细读
——以《周亚夫军细柳》为例

我对"史家笔法"感兴趣是源于孙绍振教授。2019年暑假,孙教授应邀参加了"学习共同体"暑期的培训,陈静静博士知道我崇拜孙老师,深受其文本解读思想的影响,便给我安排了"秘书"的工作,让我在培训之余照顾好孙老师的起居。这也使得我有机会零距离聆听孙教授讲文本解读。那些文本解读有些是我读书看到的,有些则是第一次听说。这一期间我们谈到了《孔乙己》,孙老师说,鲁迅最喜欢这篇文章,他在写这篇小说的时候用了"史家笔法"。我一听来了兴趣,请孙老师讲解一下。他说:你看,鲁迅写孔乙己最后一次出场,已被打折了腿,不能走路,只能盘着两腿,臀下垫着一个蒲包,用手撑着地面"走"。躯体残废到这种程度,在与平常这么不同的情况下,"掌柜仍然同平常一样,笑着对他说:'孔乙己,你又偷了东西了!'"多么冷静,多么客观,这就是"史家笔法"的体现。我当时听后只觉得孙教授能见人所未见,知人所不知,也就没再多想"史家笔法"。

直到看到《周亚夫军细柳》这篇文章,突然一个词浮现在我脑海中——史家笔法。于是我找来文献仔细地阅读了这个名词。"史家笔法"来自"春秋笔法",由于孔子编写《春秋》,在记述历史时,暗含褒贬,行文中虽然不直接阐述对人物和事件的看法,但却通过细节描写、修辞手法(如词汇的选取）和材料的筛选，委婉而微妙地表达了自己的主观看法。后世作者为了阐述孔子的思想，撰写了专门的著作以解释《春秋》的内在涵义，特别是其中涉及礼的一些细节。这种做法被称为"微言大义"，或者"春秋笔法"。司马迁的"史家笔法"与"春秋笔法"的区别在于："春秋笔法"是孔子借《春秋》来宣传自己的思想。《史记·太史公自序》中引用孔子的话："子曰：'我欲载之空言，不如见之于行事之深切著明也。'"意思是说，孔子说：我想把我的思想用空话记载下来，但不如通过具体的历史事件来表现更加深刻、明显。而"史家笔法"则更具"实录精神"。不仅如此，司马迁还运用了文学创作的手法，使得本来枯燥无味的历史，在他的笔下妙笔生花。我在细读完《周亚夫军细柳》这篇文章后，才有点明白鲁迅为什么说《史记》是"史家之绝唱，无韵之离骚"了。

司马迁长于叙事，工于刻画人物形象，而在刻画人物形象时又善于运用正面描写与侧面描写结合、对比映衬。这里有个问题：既然太史公叙事写人的手法大抵如此，可为什么每读一篇都有无限的新奇之感，而不觉审美疲劳呢？关键就在于"史家笔法"中的"细节描写"和"材料的筛选"。想想也确实如此，要在一篇文字内写尽一人或几人的一生，就必须对他（们）的生活经历大刀阔斧的"取材"。有了材料之后，如何才能让一个个鲜活的人物立于纸上呢？唯有描摹细节，抓住人物的某一鲜明的特点进行细致的刻画。下面我就结合这两点谈谈"史家笔法"在《周亚夫军细柳》这篇课文中的运用。

先说周亚夫其人。如果没有深厚的历史文化知识或者读过《史记》，肯定有很多人跟我一样对这个人感到陌生。大多数人更熟悉汉初"三杰"——张良、韩信、萧何，迷恋他们那些带有传奇色彩的故事。但司马迁却将周亚夫父子列为"世家"，足见其地位不在萧何、陈平、张良、曹参之下。阅读《史记·绛侯周勃世家》方知，周亚夫的父亲就是绛候周勃，是汉朝的开国功臣，其随汉高祖刘邦于沛县起兵，对建立汉朝功不可没，后来又在汉室基业受到威胁时与陈平合力铲除吕氏，辅佐汉文帝登基。而周亚夫也是功勋卓著，平定七国之乱的主帅，辅佐景帝登基的第一功臣，后来受封条侯。因此，司马迁将父子二人均列为"世家"是非常公允的。

再说这篇文章。选文正面写周亚夫的只有寥寥数语："亚夫乃传言开壁门。""将军亚夫持兵揖曰：'介胄之士不拜，请以军礼见'。"由此可见司马迁用笔之绝，将对比与映衬发挥到了极致。分析这篇文章时，我们可以从微观角度入手。

微观即细节描写。"史家笔法"是通过细节来描写的，在这篇文章中，开篇"文帝之后六年，匈奴大入边"一句，交代了背景；在描写人物登场时，作者是这样写的："乃以宗正刘礼为将军，军霸上；祝兹侯徐厉为将军，军棘门；以河内守亚夫为将军，军细柳：以备胡。"对比之后不难看出，文中所列的三位皆是将军，但身份却大不同。"宗正""侯"这样的官职，显然要比"郡守"大得多，但此时文帝却任命一个郡守为将军，与"宗正"和"侯"并列，可见文帝对周亚夫的器重。这其间有一处细节值得关注：这句写了三个将军，却用了两个"以"（任命）。是作者漏写了一个"以"还是抄书的时候漏抄了？细细品读之后我才发现其中奥妙，虽然后人用了两个分号将三人隔开，但这三人恰恰是两类人。从后文文帝的评价中不难看出，他认为"曩者霸上、棘门军，若儿戏耳，其将固可袭而虏也"。再看对三人的称呼："宗正刘礼""祝兹侯徐厉""河内守亚夫"，司马迁在陈述三人官职后，用了不同的称谓。前二人虽然位高，作者却直呼其名，冰冷客观；周亚夫虽然位卑，但作者称其为"亚夫"，温暖如亲。单在称呼上就有亲疏之别，这就是细节。

再联系文章中对周亚夫的称呼。文中对周亚夫的称呼主要有"河内守亚夫""将军""亚夫""将军亚夫"，其中有的出自作者之口，有的出自军门都尉之口、壁门士吏之口，有的出自文帝之口。作者称"亚夫"是带有一定的情感倾向的（一种难以言说的共情），将士们称"将军"是充满敬畏的，但文帝直接称"亚夫"就显得有些反常了。这里的"反常"并不是说皇帝不能叫臣子"亚夫"，而是从文帝入细柳军的过程看，是充满波折的，甚至可以说是相当"不顺"的。面对"上自劳军"的殷勤慰问，从"欢迎"的阵容到军门都尉的阻止，到壁门士吏的提醒，再到将军出场的肃穆，细柳军上下表现得有些"冰冷"。让人意外的是，劳军遇冷并没有让文帝生气，反而称其为"亚夫"，赞其为"真将军"。这种描写极具冲击力，不仅侧面写出了周亚夫治军严明，军中上下一心，也写出了汉文帝的宽容与知人善用。

  还有一处容易被忽略的细节——群臣皆惊。一直以来，学界对这句话的理解主要包含两个层面：一是"惊"周亚夫军纪严明，二是"惊"汉文帝容人的雅量。我关注的重点不在于群臣"惊"的内容，而在于"惊"的时机。为什么群臣不在"上至，又不得入"时"惊"？为什么不在"天子乃按辔徐行"时"惊"？为什么不在"将军亚夫持兵揖"时"惊"？偏偏在最不该"惊"的时候——已经离开军营时"惊"？这就有意思了。可以想象一下，在天子被挡在军营之外时，这些大臣会跟天子一样耐心等待吗？当亚夫手执兵器行礼时，他们能像天子一样"改容式车"吗？在慰问军队的过程中，他们能像汉文帝一样以大局为重，以社稷为重吗？因此，这个"惊"，不只是为了衬托周亚夫光辉的形象。司马迁让初登历史舞台的周亚夫"霸气登场"，可以说是给足了"面子"，但也正是因为周亚夫这样的"直"与"威"的性格与霸道的作风，导致了他后来的"祸事"。

  文本细读需要字斟句酌，但更需要教师有通观全局的视野，站在一定的高度审视文章。如果是历史，那就应该站在历史的角度上看文章；如果是小说，那就应该站在时代的背景下看文章……

第四节
文本的深度解读之主题挖掘
——以《醉翁亭记》为例

关于《醉翁亭记》"寄情山水，与民同乐"的主题，最早见于清朝初年储欣的《唐宋八大家类选》："与民同乐，是其命意处。看他叙次，何等潇洒。""命意"乃文章的主旨，储欣认为，欧阳修写这篇文章就是为了表达自己"与民同乐"的精神境界。这种说法得到了后世学者的广泛认可，也被写进教参，被老师们当作公论讲给学生，这其中也包括我。之所以要写一篇文章来探索这篇文章的主题，是为了回答一位同学的提问。有一次讲这篇文章时，一位同学问道：欧阳修是真乐吗？这篇文章的主题是"与民同乐"吗？我当时被这突如其来的问题"问倒"了，于是跟他约定写一篇关于《醉翁亭记》主题的文章来回应。

一、关于"乐"的主题的理解和辨析

陈文忠教授在《"历代文话"的接受史意义——〈醉翁亭记〉接受史的四个时代》一文中对《醉翁亭记》的主题做了很详尽的介绍："现代接受者对主题的追问，概而言之，有三种观点：即吴小如的'真乐'，钱钟书的

'强乐',刘衍的'忘忧之乐'。"①陈文忠教授认为:在吴小如看来,"太守之乐",既为"自己的治绩"而乐,也为"自己政治观点的正确"而乐。我们不妨先将视线转移到"庆历新政"上,或许对我们理解吴小如眼中的"太守之乐"会有帮助。

北宋仁宗庆历年间,官僚队伍庞大,行政效率低,人民生活困苦,辽和西夏威胁着北方和西北边疆,社会危机日益严重。庆历三年(1043年),范仲淹、富弼、韩琦、杜衍等主持新政,欧阳修、蔡襄、王素、余靖同为谏官。范仲淹向宋仁宗上《答手诏条陈十事疏》,提出"明黜陟、抑侥幸、精贡举、择官长、均公田、厚农桑、修武备、减徭役、推恩信、重命令"等十项以整顿吏治为中心,意在限制冗官,提高效率,并借以达到节省钱财的改革主张。欧阳修等人也纷纷上疏言事。仁宗采纳了大部分意见,施行新政。但最终因为新政触碰了守旧派的利益,范仲淹等人相继被排斥出朝廷,新政失败。②

庆历新政企图从澄清吏治、富国强兵和厉行法治三个方面改变国之弊端。欧阳修作为新政的倡导者,对新政充满了希望。相对于谏官的有心无力,太守这个身份更能帮助他在一城一地实现自己的政治理想。正如他自己在《丰乐亭记》中说的那样:"修之来此,乐其地僻而事简,又爱其俗之安闲。既得斯泉于山谷之间,乃日与滁人仰而望山,俯而听泉。掇幽芳而荫乔木,风霜冰雪,刻露清秀,四时之景,无不可爱。"实行"宽简之政"不但让滁州的百姓"知所以安此丰年之乐",又将自己从繁杂的公务中解放出来,"与民共乐"。《宋史·欧阳修传》对其评价是"为政宽简,而事不弛废"。他的得意门生曾巩在《醒心亭记》中也将这种思想隐约地表达出来:"一山之隅,一泉之旁,岂公乐哉?乃公所寄意于此也。"在曾巩的心中,欧阳修是一位忧国忧民的贤人。

根据这些相关的史料和文献,欧阳修的"醉翁之意"似乎已经很清晰地

---

① 陈文忠."历代文话"的接受史意义——《醉翁亭记》接受史的四个时代[J].安徽师范大学学报(人文社会科学版),2017,45(3):289-298.
② 王旭峰.范仲淹的山高水长[N].文摘报,2023-06-03(7).

呈现在我们面前。对于吴小如所说的政绩之乐和政治观点正确之乐，也就不难理解了。但我觉得单纯地把这篇文章看成因"政绩"和"政治观点的正确"而乐难免有些牵强。如果真像吴小如说的那样，那么这篇文章应该是写给统治者或者当权者看的，一是证明自己并没有意志消沉，二是表达自己忠君报国的情怀，就像苏轼在《江城子·密州出猎》中表达的"何日遣冯唐"的愿望与"西北望，射天狼"的豪情、欧阳修在《丰乐亭记》中说的"夫宣上恩德，以与民共乐，刺史之事也"一样。此外，欧阳修被贬滁州后，共修建了三座亭子，分别是"醉翁亭""丰乐亭"和"醒心亭"，后二亭看名字大概也能猜出做亭者的用意，唯独"醉翁亭"让人捉摸不透。如果真是为了彰显政绩和政治主张，那么此亭完全可以命名为"太守亭"或者"同乐亭"，可见，写"与民同乐"并不是为了彰显自己的功德。

钱钟书先生认为这篇文章是"失志违时，于是'悦山乐水'"，"太守之乐"是"强乐"。钱先生在《管锥编》中说道："盖悦山乐水，亦往往有苦中强乐，乐焉而非全心一意者。概视为逍遥闲适，得返自然，则疏卤之谈尔。欧阳修被谗，出治滁州，作《醉翁亭记》，自称'醉翁之意在乎山水之间'，人'不知太守之乐其乐'。夫'醉翁'寄'意'，洵'在乎山水之间'，至若'太守'之初衷本'意'，岂真'乐'于去国而一麾而守哉？谅不然矣。"①

在钱先生看来，欧阳修不论是因为政治失利被贬，还是遭受谗言污蔑被贬，总之是被贬了。"悦山乐水"不过是为了掩饰自己的烦恼而"苦中作乐"罢了。钱先生的观点既结合了中国传统文化中关于文人与山水之间的藕断丝连的关系，也有人之常情的体悟——怎么会有"'乐'于去国而一麾而守"的人呢？钱先生虽然看到了"醉翁之意"与"太守之乐"之间的矛盾，但这并不能说明欧阳修是苦中作乐或者强以为乐。

在我看来，无论是从知人论世，还是传统文化，抑或是人之常情，都不足以理解欧阳修当时的心境。要想了解他当时的内心，就必须突破文本的桎梏，在语言表达中找到足够的依据。另外，无论欧阳修是出于何种心情写作

---

① 钱钟书.管锥编（第五册）[M].北京：中华书局，1979：82.

《醉翁亭记》，都不影响它成为千古传诵的经典与美文。之所以做这样的探索，完全是为了进一步分析和欣赏这篇文章的精彩。

二、从内容上窥探欧阳修的心境

正如朱光潜先生在《朱光潜谈美》一书中所说："'修辞立其诚'是文章的要诀，一首诗或是一篇美文，一定是至性深情的流露，存于中然后形于外，不容有丝毫假借。"[①]这话一点没错，伪辞而悦人的事并非没有，但对于已名满天下又遭贬谪的欧阳修而言，却没必要在《醉翁亭记》中强颜欢笑。再者，弄虚作假之情的文字也不会感人至深。就像我们读范仲淹的"先天下之忧而忧，后天下之乐而乐"，能感受他胸怀的坦荡和心忧天下；读柳宗元的"以其境过清，不可久居，乃记之而去"，能感受到他内心的苦闷和迷茫；读欧阳修的"太守之乐其乐"与"醉能同其乐"，能感受到他内心的喜悦和快乐。

（一）醉翁亭所在环境的优美

作者在写醉翁亭时，先对其周围的景色有一番欣赏，有引人入胜之感。这里不妨加入一点想象，还原下当时作者写文章之时的情景：翌日清晨，欧阳修从酒醉中清醒，脑海中依然回荡着昨日宴饮时的情景，对醉翁亭更是喜爱有加。于是，他伫倚栏杆，遥望醉翁亭，以第一人视角，由远及近"逐层脱卸"。先是在滁州西南诸峰中望见了"蔚然而深秀"的琅琊山，接着悠然信步，"山行六七里"也毫无疲乏之感，这时突然又"渐闻水声潺潺"，别有洞天，兴趣更浓。"峰回路转"之后，一座造型精美犹如鸟儿一般振翅欲飞的醉翁亭就出现在眼前了。闭上眼，那变化着的山间朝暮与四时之景，又层出不穷，美不胜收。

北宋音乐家沈遵读到欧阳修的《醉翁亭记》后，慕名专程来到琅琊山，

[①] 朱光潜. 朱光潜谈美［M］. 上海：华东师范大学出版社，2012：107

听泉声鸟鸣,席地而坐谱成了一曲《醉翁操》。苏轼还专门为这首《醉翁操》填了词,文曰:"醉翁喜之,把酒临听,辄欣然忘归。既去十余年,而好奇之士沈遵闻之往游,以琴写其声,曰《醉翁操》,节奏疏宕而音指华畅,知琴者以为绝伦……"

可以说,醉翁亭的周围是山美、水美,而峰回路转的寻亭之路更有一种曲径通幽之美,再加之醉翁亭灵动的造型,跟随作者"山行"之路可以说是山水掩映动静之间。然而,作者并未满足于拥有欣赏山水的独特视角,他还有捕捉山间朝暮与四时变化的心灵。他没有一概而论地写美景,而是在道出朝暮与四时之景的不同后,抒发了"乐亦无穷也"的感叹。王国维说"一切景语皆情语",欧阳修眼中所见之景,正是他心境的写照。

(二)关于"环滁皆山也"的理解

"环滁皆山也",看似平淡的一句背景介绍,其实大有学问。如果将之与柳宗元的《小石潭记》中的"四面竹树环合"相比较,就显出不同的意境了。

许多教师喜欢将这两篇文章放在一起比较,尤其是将二人的心境和胸怀进行正反对比。其实,理解二人心境的关键句就在这两句话。欧阳修开篇便说"环滁皆山也",柳宗元则是在文末才交代"四面竹树环合"。前者是有意营造,后者是被动发现。如果说柳宗元是为了摆脱被贬受困于一地的苦闷而探幽访胜,那么欧阳修的"环滁皆山也",则是他为自己的心灵营造了一个远离纷争的净土。柳宗元无法获得长久的快乐,是他人为地为自己造了一座"监牢",所以他才会感觉小石潭的环境过于凄清,他越是想要冲出烦扰、冲破牢笼,就越受桎梏。相反,欧阳修在写《醉翁亭记》之时,已经适应了滁州"地僻而事简",他泰然处之,心安于此,所以才会有"醉翁之意不在酒,在乎山水之间也"的真性情的抒发。在这句话的统领之下,再看欧阳修的心境,可以说滁州的山水和人物无不有可爱之处。

(三)太守与醉翁的双重身份

我认为,这篇文章之所以成为经典传颂千载,很大一部分原因是因为欧阳修实现了双重身份的完美融合——醉翁与太守。

"醉翁"即喝醉了的老头（虽然当时欧阳修不过40岁）；"太守"乃一州之长也。这两个身份本是界限分明的，不仅如此，文中的太守与客的身份也是有界限的，唯有借酒才能消除这种界限，实现太守向醉翁的转变，成全一场痛快淋漓的宴饮。

作为太守的欧阳修并不是借酒消愁，而是为了消除自己的真实身份——太守。所以，醉翁之意并不在酒，而是借酒消除与客的隔阂。从后文的"众宾欢"的场景中，不难看出太守的"颓然"，并没有使众宾失了兴致，反而是"起坐而喧哗"，全然无所顾忌。在众宾眼中，太守喝醉了才是尽兴，但是在太守心中，只有"醉"才能同其真乐，不醉才是强颜欢笑。太守借醉翁的身份实现了"与民同乐"，成就了一番佳话。而在酒醒之后，太守又是太守了。他将自己最得意的醉翁亭与醉翁之"乐"都记录下来，这就又成就了一段佳话。

三、"也"字之妙

如果按照字数比例的话，一篇400多字的文章居然有21个"也"，出人意料。所谓非常之笔，必有非常之功。这21个"也"字是点睛之笔，还是故作姿态，就成了我们了解欧阳修内心的一座"桥"。"也"字从开篇一直贯穿到结尾，虽然多，却有序。在学习时，有一学生发现：虽然只是句末语气词，但各段中的"也"字所起到的作用是不同的，而同一段落中"也"字的作用却是相同的。

（1）层层引出的"也"。第一段中"也"字共出现九次，每一次"也"字的出现，都不是为了表示句子的完结，而是为了将读者的注意力引向下一个要说的内容。写"环滁皆山也"是为了引出"琅琊也"的"蔚然而深秀"，写"琅琊也"是为了突出"酿泉"，由此引到醉翁亭上；再由醉翁亭引出"作亭者""名之者"；接着又引出"醉翁"的由来，"醉翁之意"与"山水之乐，得之心而寓之酒也"的感怀。作者"一路逐笔缓写""逐层脱卸"，一幅幅画面随着作者的叙述慢慢展开,既有朗读上的回味无穷之感,又能给人营造丰富的想象空间。

(2)层次分明的"也"。与第一段不同的是,第二段的"也"字具有明显的层次感。在句式上,作者运用"……者……也"的判断句式,将山间之朝暮与山间之四时之景,做了介绍和划分,段末的"而乐亦无穷也"则是总结性的抒情。第三段与第二段的句式相似,"滁人游也""太守宴也""众宾欢也""太守醉也",不同的人物、不同的身份、不同的活动,构成了一幅和谐的图景。每幅画用动词巧妙地联结起来,将人物的行为和状态传神地展现出来。

(3)层层衬托的"也"。如写"太守归而宾客从也"是为了衬托"禽鸟乐也",写"禽鸟乐也"意在衬托"人之乐",写"人之乐"又意在衬托"太守之乐其乐也"。

欧阳修活用了"也",也用活了"也"。"也"字为全文点睛,既点出内容,又点出了主旨。其实,《醉翁亭记》不仅是为了记录醉翁亭,更是为了写心境、抒情怀。所见之景美,所经历之事乐,在这样的景色和环境中,作者的心情必然是愉快的。为了将悠闲自得的心情表达出来,作者选择了特殊的表达形式。无论是"也"字的单独使用,还是与"者""而"二字的连用,都是为了表达其洋洋自得的心情。

再回到"乐"的主题上。我赞同吴小如说的"真乐",但欧阳修的"真乐"却并不是建立在自己的"政绩"和"政治观点的正确"上。我以为,欧阳修之乐恰恰与"政治"无关,而是一种纯粹的抛除世俗公务的乐。

首先,文中的太守并未将"醉翁亭"作为自己的政绩,而是清楚地交代了"作亭者"为"山之僧智仙"。其次,太守并未动用自己的权力,营造歌舞升平的景象。滁人游和太守宴虽然是同时进行,但滁人游却并非因为太守,而是因为琅琊山的景色和生活的富足。最后,太守的宴请也是极为朴素的,丝毫没有奢华之迹象。酒是酿泉所酿,菜是山肴野蔌。宴会上也没有"丝竹"之乐。他的身份虽然是太守,但是在宴会中,他却十分享受自己"醉翁"的身份。虽然受到贬谪,也有谣言中伤,但那都是一年前的事了。

时间可能是治愈欧阳修心灵的良药,已经伴他走出失意的低谷。

"寄情山水"所寄之情,不是曾经的惆怅和怨恨,而是现在的潇洒和悠闲。"与民同乐"是"乐民之乐",亦是"乐己之乐"。人们只知道跟随太守游玩的快乐,只有太守知道自己的乐趣何在。掩卷沉思,千古士大夫中能有欧阳修这样的超然与豁达胸襟的又有几人?能摆脱宦海沉浮的困扰,寄情山水之中,与民同乐,这是何等的心胸。

第五节
基于深度学习的教学实施
——以《咏雪》为例

我从2012年开始实践学习共同体理论。在最初的两年里，我发现学习共同体建设可以改善师生间的关系，并且在课堂上让学生充分地讨论和大胆地交流，的确可以提升学生对文本的理解。从形式上说，学习共同体的创建有助于学生思维能力、语言表达能力和人际交往能力的提升。但是当学生进入初中的高年级后，我发现学生的阅读能力并没有我想象的那么好了，而且，我对文本的理解能力也处于一种停滞不前的状态。这时候，我突然意识到，学习共同体的建设不能只停留在形式上，还要在提升自己的专业素养上下功夫。只有教师深度解读、深度设计、深度实施，才能让学生的深度学习得以发生。

一、深度的文本解读是深度学习的前提

协同、交流、互助的学习形式，在一定程度上可以辅助学生的思考，这样的学习形式有助于形成学习合力。在面对问题时，个体可以寻求群体的帮助。也就是说，协同学习是为了解决个人无法解决的问题或者难题，但不是所有的问题都需要用"协同"的方式来解决。要知道，教师"面对的不是惶惑的未知者，而是自以为是的'已知者'"。如果一节课上，教师没有办法提

出让学生都感到困惑的、具有一定挑战性的问题,协同学习就成了摆设,学生的思维也就只能停留在浅表层面。如何才能提出这个带有一定挑战性的问题呢?必须从深度解读文本入手。

此处化用李欧梵先生的"城堡"说法,把文本比作一座"城堡",学生要进入"城堡"与"主人"对话。常见的几种文本解读方式有:

(1)"围攻",即用各种资料作为"武器",对"城堡"(文本)围而攻之。教师要查阅大量的资料,翻阅各种书籍,甚至要结合一定的时代背景,最后得出一个结论。这种方式看上去花了很大的力气,把"城堡"围得水泄不通、滴水不漏,但事实上,只是在"城堡"的外围打转,并未进入"城堡"内部。所得出的结论,也多为依据资料得出的"推论",与文本自身的关系并不密切。

(2)"蚕食",即把文本分割成若干部分,然后一点一点地细读,从部分到段落,到句子,再到词语,不放过任何一个细节。这种解读方式是无所不要、面面俱到、细而又细,把文本"肢解"了。但这种方式在教学时可能会有"瞻前不顾后"的后果,即只能分解,无法合并,一篇文章会被解读得七零八落、支离破碎。

(3)"深挖"。这种解读方式有点"剑走偏锋",即从文本中找出一个很不容易被关注的点,强行使其与主题或作者的用意相连。例如,看到"秋天"便会挖掘出"生命消亡"的主题等。这种解读方式看似找到了一个"点"深挖下去,但也可能是对文本的曲解,甚至是歪解,如果不结合一定的相关资料,是很难与文本联系起来的。因为,那只是文本的一个"点",无法代替"面",更不要说"全面"了。

上面三种方式虽然都有一定的解读效果,但终究无法进入"城堡"(文本)内部,最终也就无缘与"主人"对话了。最好的办法不是把"城堡毁掉",而是找到"钥匙"。关于"钥匙",顾城有一首诗描述得很形象:

小 巷

小巷

又弯又长

没有门
没有窗

我拿把旧钥匙
敲着厚厚的墙

虽然"城堡"的门是隐蔽的、不易被发现的,但只要找到了那把"旧钥匙",就一定能"敲"开"厚厚的墙"。即使每一座"城堡"(文本)的钥匙是不一样的,只要用心领悟,深入思考,形成文本解读的习惯,自然会找到那一把通向"城堡"内部的"钥匙"。

下面我结合《咏雪》这篇文章,探讨一下深入解读的"钥匙"在哪里。

《咏雪》这篇文章的内容并不难理解,讲的是一个大人和两个孩子关于"雪"的对话。如果剑走偏锋,深挖"雪"的文化意义,进而联系"谢太傅"的文学地位,就有点生拉硬套的意思了。采用"围攻"呢?即找关于"神童"的故事或者是谢道韫的相关事迹,来证明"咏絮才"名不虚传,这也是没有利用文本,不过是"隔靴搔痒"罢了。最好的方法是找到这篇文章的独特的解读(教学)价值。

作为教学材料,教师要教给学生什么,才是找到那把"钥匙"的关键。之所以找不到"钥匙",原因在于教师根本不清楚该如何确定一篇文章的教学价值,也就是教什么的问题。基于这种情况,我把文章的教学价值分为实用价值和审美价值。实用价值又分为阅读价值和写作价值,审美价值的体现主要表现在审美熏陶和审美能力的培养。

有了方向,再看一篇文章自然就会有新的视角。《咏雪》这篇文章,其教学价值要么选择实用价值,要么选择审美价值。很显然,对于一篇没有"深度"的文章,其实用价值是不容易在阅读或者写作中体现出来的。这样一来,这篇文章教学价值的确定就自然会倾向审美价值的挖掘。

《咏雪》主要记录了谢太傅与侄子、侄女关于"白雪纷纷何所似"的谈话。虽是一次普通的对话，却富有生活情趣。文章从"寒雪日内集"写起。古代文人雅士常喜欢在下雪的时候集会吟咏诗作，如《红楼梦》第四十九回"琉璃世界白雪红梅　脂粉香娃割腥啖膻"中作者刻画了一场美轮美奂的雪景，众人在雪中演绎了一回雪中采梅、赏梅、咏梅的雅事。可见寒雪集会是古人生活中一件很雅的事情，也可以算是文章的第一层美。文章更为精彩的内容是胡儿与谢道韫关于雪的比拟，也是这篇文章审美价值体现得最为突出的地方。

首先，这场谈话是由谢太傅发起的，他见"俄而雪骤"，便随口问了一句："白雪纷纷何所似？"这个来源于生活情境的实际问题，不但给了子侄们发挥的空间，更再现了当时的情境，引发读者的联想。

其次，看两个孩子的回答，胡儿的比喻是"撒盐空中差可拟"，谢道韫的比喻是"未若柳絮因风起"。这两个比喻正好从两个不同的角度展现了雪给人的不同感受，胡儿把雪比作在空中撒盐，这是从写实的角度对雪进行比拟。雪与盐颜色相同，都是白色，盐的颗粒状也与雪的形状相似，并且这个比喻更强调雪给人带来的寒冷的感受，这也与盐给人的感觉相近。谢道韫的比喻则是写虚的。雪是冬季的景物，柳絮是春天的事物。谢道韫由眼前之景想到了心中之物，时空的跨越反映出思维的活跃和思想的开阔。才思敏捷，才会不受时空的限制，神游象外，思接万物。另外，雪给人的真实感觉是冷的，柳絮给人的感觉是暖的。此时，虽然外面大雪纷飞，但谢道韫内心却是温暖如春的。因此，这个比喻不仅体现了谢道韫的才华横溢，更写出了她对美好事物的向往，展现了她丰富的内心世界。这个比喻给谢太傅和千百年来的读者不尽的温暖。这是这篇文章的第二层美——虚实之辨，全在于心，也就是王国维所说的"一切景语皆情语"。

文章的第三层美应该是，外面的风雪之寒与屋内的气氛之热的对比。不但有二人绝妙的比喻来抵御严寒，更有来自长辈的"大笑乐"的褒奖和温暖。

从这篇文章教学内容确定的过程来看，所谓"深度解读"，不一定是求深、求新，更重要的是发现"'这一篇'的特质"。这就是通向文本的那把最佳"钥匙"。

二、基于审美能力提升的教学设计

既然已经把这篇文章的独特的教学价值定位在"审美"上,那么接下来的教学设计就应该围绕如何让学生在学习过程中感受美、欣赏美。但事实上,一直以来初中的语文教学多是停留在"感受美"这个层面,很少上升到"欣赏美"的境界,只感受不欣赏是很难提升学生的审美情趣的。我们的语文教学不能只停留在看到美的事物、说它很美,至于为什么美、美在何处却说不出的层面。对于事物如此,对一篇文章亦如此。我们应该在感知的基础上,让学生把心里的感受通过语言理性地表达出来,不但要能够表达出来,还能说出所以然来。唯有如此,学生的审美情趣才能得以提升。

《咏雪》的审美价值要如何体现呢?我认为应该从两个方面思考。第一,《咏雪》中绝妙的比喻是从对生活中的雪的感受而来,那么教学应该再把学生从文章引回到生活中,要让他们热爱生活,懂得欣赏生活中的美好。第二,通过对生活的观察和感悟,再回归到对文章的理解上。前者在于感性上的引导,后者在于理性的分析,二者相辅相成。教学就是要让学生在文本与生活之间走个来回,因学习而热爱生活,又因热爱生活而更加热爱学习。

要想让想法落地,还需要依靠问题或者活动来推进。提倡审美之用的课堂,一种是以熏陶为主,通过音乐、绘画等形式让学生感受美;另一种是让学生自己去理解和欣赏文中的美——这是我理想的教学状态。让学生自己去理解和欣赏,并不意味着教师退出教学现场,把一切都丢给学生。恰恰相反,这样的课堂对教师的专业素养的要求更高。此时不得不说说我们的学生——"自以为是的'已知者'"。如果仅从感觉上来说,男女生对雪的认识和感受一定是有区别的,就像文中的胡儿和谢道韫一样。初中生,尤其现实中可能没见过雪的一些学生,他们更多的是从电视中看到下雪的景象,也会出于好奇对雪充满期待。当你问:"雪美吗?"他们肯定会说"美"。如果你再问:"雪花飘落下来的样子像什么?"他们肯定也能回答出"像蝴蝶""像梅花"这样的比喻。也就是说，他们对雪的感受和认知与文中的胡儿与谢道韫是很相似的。学生对雪的比喻是对雪的形状的描摹，是感性认识的体现。这就是学生的"已知"，但学生的已知不过是"城堡"的一座城墙或是一道护城河，是相对表面的一部分。教学设计的目的就是让学生从感性的"已知"中走出来，理性地看待更为精彩、重要和全面的"城堡"（文本）。这就需要教师在进行教学设计时，要站在比学生更高的位置上去思考。无论是问题还是活动，都要先让学生从"已知"回到"未知"，这样他们才能在学完文章后（答案揭晓后），有恍然大悟的感觉。

为了达到这个目的，教师在教学《咏雪》时，就需要跳过让学生感到舒服的问题，如"你以为白雪像什么"，直奔他们理性分析的软肋，如"'撒盐空中差可拟'与'未若柳絮因风起'两个比喻，你觉得哪个更好？为什么？"这个问题既是对文章内容的分析，又需要调动现实生活经验。用一个牵一发而动全身的具有一定挑战性的问题，去激发学生的求知欲，把他们从狭隘的"已知"中引导出来，见识更为广阔的天地。这个问题会为分析、理解两个比喻以及文章内容提供源源不断的动力。因为，它本身没有答案，只要能自圆其说、言之有理即可。问题没有边界，不受限制，但是也不能让学生信口开河、不假思索地乱说。所以，要求学生在回答时，不但要表态，还要说清楚理由。

基于审美能力的教学设计的着力点在于，引导学生从不同的角度去发现美、欣赏美，就像胡儿的比喻有他自身的美感，谢道韫的比喻又是另外一种视角下的美，要让学生意识到，生活是美的源泉，更要让学生通过学习文章的美，进而延伸到感悟生活的美。

三、教师该如何发挥引导作用

有什么样的解读，就会有什么样的设计；有什么样的设计，就会有什么样的教学。这节以审美为目的的课，能否上得美，关键不是学生如何配合老师，而是老师如何引导学生。鉴于学生对雪的认知还是停留在感知层面，是感觉事物的真实反映，要想让学生如老师一样，能理性地分析和欣赏胡儿与谢道韫"咏雪"的妙处，教师就必须对学生的发言进行抽象、提炼，并用这种方式引导学生回归理性的欣赏。

王国维说，"以我观物，故物皆著我之色彩"，这是所谓的"有我之境"。胡儿与谢道韫所作比喻皆是"以我观物"的体现。若要理性地分析二人的比喻之妙，教师需要带领学生进入当事人的眼中，从他们的视角去看待纷纷白雪。

为了达到这个目的，我在上课之初先引入了《世说新语》中谢安与谢玄关于《诗经》中何句最佳的讨论作为导入，目的是为后文从不同角度欣赏文中的比喻做铺垫。有了这个基础，我便抛出了这节课的问题："撒盐空中差可拟"与"未若柳絮因风起"两个比喻，你觉得哪个更好？为什么？

下面便是这节课的一个教学片段：

师：（导入）PPT上所呈现的文章是谢公，也就是谢安，趁着他的家族子弟们在聚集的时候问《诗经》中何句最佳。他的侄子谢玄说："昔我往矣，杨柳依依；今我来思，雨雪霏霏。"大家背没背过？这是写什么的？

生：（小声）打仗。

师：对，这是写出征打仗的。打仗回来看到的景象是什么呢？当初"我"走的时候，春天杨柳多，现在"我"回来了，下着雨，下着雪。这是一幅比较悲惨的景象。当然也有美丽的景象，给人以遐想。这句话是公子谢玄说的，那么谢安说了什么呢？"訏谟定命，远猷辰告。""訏谟"是指有大的规划、宏图愿景；"定命"是指有大的宏图愿景的时候一定要公告于天下。两个人对于诗的看法是不一样的。谢玄认为风花雪月是美的，谢安则认为人应该有远大的志向，并要将它公告于天下。这两个人的心境和看待事物的角度以及出发点是不同的，所以他们评判事物的标准是不一样的。

（教师让学生结合书下注释翻译全文，并交流。）

师：（板书：空中撒盐与柳絮因风起？）"空中撒盐"和"柳絮因风起"，

哪一个比喻更好？你认为哪个比喻更合适？为什么？

生：柳絮因风起。

师：为什么？为什么你同意谢安的评价呢？

生：因为雪是慢慢飘下来的，柳絮飞的时候也是慢慢的。但空中撒盐的话，盐撒上去很快就会掉下来。所以我觉得"柳絮因风起"应该更恰当。

师："柳絮因风起"更恰当，因为你觉得柳絮因风起时与雪飘下来的状态是很相似的，所以很恰当，对吧？有相同的观点或者不同的观点吗？（对另一学生）你是相同观点还是不同观点？

生：相同观点，因为柳絮和雪花都是自然界的景象。

师：他用了自然界的甲来比拟自然界的乙，所以两者之间更有相似的地方。而盐则是人为的。

生：因为柳絮是春天的，现在是大雪纷飞的冬天，这是换了一种角度，明明是冬天，却写成春天的柳絮。

师：你的意思是把眼前之景与想象之景融合为一体。看到眼前的雪，想到了春天的柳絮，这二者之间发生了一个很奇妙的时空转换。谢道韫眼中看到的是实实在在的雪飘落，但是在想象之中却有柳絮飘落的影子，所以她感受到雪的意境之美。说得特别棒，给点掌声。

（生鼓掌）

生：因为文章说"寒雪日"，说明当时很冷，雪下得很大，跟盐给人的感觉是相似的，所以我认为把雪比作撒盐也是合理的。

师：他认为盐也有合理的地方，因为雪下得大。前面说到时间，是寒雪。"寒雪日"是什么意思？首先是雪下得很大，其次是天气非常寒冷。在寒雪这样的背景下，胡儿（谢朗）说"撒盐空中差可拟"。他是在这样一个情境下说的比喻，不是也很恰当吗？

生：不恰当。

师：怎么不恰当？将撒盐与空中的寒雪相比喻，寒雪给人带来的感觉是怎样的？

生：寒雪给人带来的感觉是寒冷的，因为柳絮是春天的，所以柳絮（给人）带来了温暖的感觉。

师： 一种是给人带来冷的感觉，另外一种给人带来暖的感觉。我们可以看到兄长的儿子在说这句话的时候，是根据什么来说的？

生： （插话）颜色。

师： 你抓住了颜色。盐和雪都是白色的，柳絮也是白色的。就颜色来讲，两者之间还是有相同点的。白色的盐可以，白色的柳絮也可以。但就状态来讲，刚才我们说谢朗在说这句话的时候不仅关注了雪和盐的颜色，还关注了天气的感觉，那种感觉是特别的。雪飘落的时候给他带来了特别的感触，就好像是有人在空中撒盐一样，落在他的身上、皮肤上，他感受到了刺骨，难道他说得不好吗？

生： 老师，你说过，要想看出一个事物美不美，必须把它从实用价值中抽象出来。

师： （总结）说得好！我们看一下，他是根据自己的实际感受，把所见所感通过这样一个比喻写出来，写出了雪给自己带来的真实感受，所以我们不能说这句不好。但是谢道韫在咏雪的时候并没有写自己的真实感受，而是剥离了真实的感受，写出了她心里面想象到的一种美景，给我们带来了美感。我们可以把它叫作虚，或者是内心当中的想象。两个比喻，一个是真实的情感，一个是从想象中得到的感受。哪种感受更美一些？显然是心中的想象。因为她不局限于眼前的景象，而是把所见的景象加以想象，放到另一个时空当中。这种写法很厉害，如果你能够学会这种写法，你的作文水平就会变成另一种境界。

从上述教学片段中可以看到，我在这节课中一直扮演着提炼、鼓励、激发学生的角色。我没有生硬地把学生的思维引向自己的解读，而是随着学生的回答不断地加以提炼、点拨、追问。审美能力的培养与思维品质的提升是密不可分的，随着对文章内容不断深入的分析，学生的思维处于一种活跃的状态。他们从开始的直觉上的感受（印象）慢慢向理性过渡，从知道现象到思考现象背后的原因的过程，就是思维和审美同时获得提升的过程。但是学生毕竟会受到知识、眼界、阅历等因素的限制,而集体授课又会受到全班同学的思维发展程度的限制,所以,教师在教学中与学生的互动,就显得更为重要了。《礼记·学记》中说:"道而弗牵,强而弗抑,开而弗达。"就是说,要引导学生而不是牵着学生走,要鼓励学生而不是压抑他们,要指导学生学习路径,而不是代替学生做出结论。这就是教师的作用,也是教师该做好的分内之事。

在教学过程中有一位同学说"因为柳絮是春天的,现在是大雪纷飞的冬天,这是换了一种角度,明明是冬天,却写成春天的柳絮",同学们听后"笑"了。这是因为大家不理解他所表达的意思,也就是思维还没有进一步提升。这时候老师的提炼和抽象还原了这位同学的意图,并且让大家给予他掌声鼓励。这就是教师的引导和点拨。

四、作业设计将知识内化为能力

审美能力的提升绝不是一两节课就能解决的,需要长时间的熏陶和培养,甚至是训练。如果上课是为了激发和启智,让学生的内心受到一定的激励和震撼,那么下课就是要让学生从怦然心动到落实行动。因此,课后作业成了课上所学的审美是否能够转换为学生自身能力的重要环节,也就是将知识内化为能力的过程。

这节课我布置的作业是:当谢太傅问"白雪纷纷何所似"之时,李白、杜甫、岑参、苏轼、李清照,以及你,会如何回答呢?请回去查找资料完成。布置这个作业的时候正好下课,学生听到这个作业后非常兴奋。很明显他们对这个作业内容很感兴趣,而随后收到的作业也印证了这一点。

李白、杜甫等人的"回答"需要先查阅大量的资料,然后从中筛选出合适的诗句。我最期待的是学生自己的回答。大多数同学都用仿写的形式进行了"回答",如"雪似烽烟白人骨""雪似汉月照银山"……还有些同学是原创的诗句,如"千里百花却有香,风吹鹅毛宛如霜""孤瘦红梅深雪中,故作桃杏春色浓""雪落枯花谁来怜"……这其中,我最喜欢的是一位男同学

写的"雪似故乡花,气从亳州来",很有李太白的风骨。还有一位同学写了一首"词":

> 小雪忽骤,楼外折竹雪厚。松青雪落枝上头,白发苍眉何寿?
> 垂条摆弄银风,却变梅花愈红。雪迎东风归来,风来雪霁晴空。

从以上作业的表现看,我们不能否认两点:一是有一部分同学的语文水平和阅读积累本来就好,所以在创作中表现得格外显眼;二是这个作业确实激发了包括语文素养很好的同学在内的绝大部分学生的思考和兴趣。所有学生都有能力完成作业的第一步——用五位诗人写雪的句子回答"谢太傅的提问"。一部分无法实现创造的同学,可以根据课文"……差可拟"或者"未若……"句式完成仿写,也可以根据五位诗人的诗句进行仿写。对于基础本身就很好的同学而言,这个作业也是一个检验和体验的过程。

为什么这个作业会有比较好的效果呢?

我想一部分原因在于课上的触发,让学生领略了一次作为"鉴赏家"的感觉,从理性的角度去分析、欣赏诗句的美。这也为课后认真完成这项作业打下了基础。还有一部分原因是作业本身的触发,如果没有阅读李白、杜甫等诗人的诗句的基础,那么即便是仿写的内容,也不会有太高的质量。假设这堂课的作业是"请仿照'……差可拟'或者'未若……'句式,写两个关于雪的比喻句",效果可能会大打折扣。所以这个作业的重点不是那些诗人如何回答,而是在阅读了几位诗人的诗句后,"你"如何回答。这其实是把文本、资料、生活以及学生四者串联了起来,学生是课程的学习者,也是资料的查阅者,更是生活的观察者和感悟者。也许对于一些学生而言,雪是不常见的,但这并不影响他们的想象力和创作力。谢道韫在"咏雪"之时,摆脱了时空限制的很大一个因素是她的想象力,以及当时触发她展开想象的内心。在课上与作业的双重触发下,学生也会表现出惊人的想象力和创造力。这一点已被我证实。后来我问那位写出"雪似故乡花,气从亳州来"的同学,这句话他是怎么得来的。他说,想着想着就想到自己的故乡,好久没回老家了,所以有种强烈的感受,就写出了这句话。

美在生活中是无处不在的,在文本中亦然。学生之所以对美充耳不闻、视而不见,那是因为学生的内心和思维都是紧闭的。所以,我们教学的各个环节都要把打开学生的心灵、激发学生的思维作为重要目的。

深度阅读不是读得越深越好,也不是讲得越深越好,而是要能触发学生的深度思考和深度学习。要实现这一目标,不是一两节课就能做到的。但是,如果每节课都有深度的学习设计和深度的教学实施,我想,让学生喜欢上语文也并非难事,也许到那时提升学生的阅读能力就变得简单了。

第六节
深度学习与立德启智
——兼谈初中语文的育德问题

一、语文学科的育德现状

很多语文老师都有这样的想法：无论是工具性还是人文性，或是二者的统一，说到底都是教授语文相关的知识、技能，即便是人文涵养，也是要讲"语文"。这种思想固然无错，但实际上老师们在这样的思想下，过于重视对"文"的讲解和熏陶，而渐渐忽略了语文学科的一个很重要的功能和使命——立德树人。还有一种情况让人不解，一些老师也很喜欢在自己的课上讲自然、地理、风土、人情等看似与语文学科无关的内容，但就是不愿意在语文课上讲"德"。因为大家认为"立德"应该是德育学科（班主任或者道法老师）的事情，跟语文学科无关。这其实是对语文学科的"窄化"。语文学科包罗万象，既然课堂上能讲"风花雪月"，为什么就不能"立德树人"呢？这两种现实存在的情况，值得大家反思和警惕。

事实上，立德树人并不只是现代社会和国家发展的需要，任何时代都需要德为先、德为重。《大学》中说"修身齐家治国平天下"，"平天下"要从"修身"开始；诸葛亮在《诫子书》中开篇明义，告诫自己的儿子"夫君子之行，静以修身，俭以养德"。立德树人是时代呼声的体现，要实现中华民族伟大复兴，就必须培养德智体美劳全面发展的有为公民。语文学科之所以要扛起"立德树人"的大旗，与语文学科的本质特征是分不开的。所以，《课标2022》在课程性质中指出："语文课程致力于全体学生素养的形成与发展，为学生学好其他课程打下基础；为学生形成正确的世界观、人生观、价值观，形成良好个性和健全人格打下基础。"作为新时代的语文教师，我们不但要扛起这面大旗，还要扛好这面大旗。

二、语文学科本质与学科育德的关系

如果深究上面两种现象产生的原因，我想与老师们对语文学科本质和学科育德之间的关系的认识模糊有很大的关系。于漪老师始终强调"教书育人"要有机结合，"任何一个学科不能见术不见道，更不能见术不见人"。《于漪教育教学思想概要》一书对这种思想做了如下阐释："教学本应具有教育性，没有教育性的教学丢掉了灵性必然苍白无力，沦落为知识的排列组合、重复叠加，难以在学生情感世界激起浪花，掀起波澜。"[①]语文学科如果没有育德的体现，则失其所以为"文"之用；如果只看到育德的功能，则又失其所以为"语"的特征。如果把育德比作生长的过程，那么语文就是一块肥沃的土地，可挖掘的德育元素就是种子，教师就是育种者。这个过程对作为育种者的教师要求非常高，既要能从文章中"孕"出德育之"种"，又要通过"语"和"文"育出有德之人。但并不是说"立德树人"就是把语文课变成班会课或者道法课。所以，于漪老师又指出：语文学科与学科育德是相互融合的关系。二者你中有我，我中有你，彼此共生又互不侵扰对方。要想把握好这种关系，教师必须清醒地认识以下几点。

（一）德智融合之意

每个学科都肩负着传授知识的重任，语文学科也不例外。语文学科的教

---

① 王荣华，王平.于漪教育教学思想概要[M].上海：上海教育出版社，2021：86.

学过程是，教师根据学科基本要求和课程标准，从文本中提取出要传授的知识，并通过一定的方式方法让学生接受这些知识。语文学科的知识包括文字知识、文学知识、文章知识以及文化知识。学生一旦掌握了这些知识，就可以在现实生活中使用，并能产生一定的效果。也就是说，学知识的目的是运用，然后在运用的过程中将知识转化为能力。

基于这样的认识，可以断定"德"不属于知识的范畴。原因是：第一，"德"不属于上面提到的四类知识；第二，"德"无法在现实生活中运用。也就是"德"是"无用"的，然而"无用之用，方为大用"，我们的生活时时处处都需要"德"，也都体现了"德"。它决定了一个人在面对一种情况时，运用什么知识来解决和处理问题。例如，《将相和》中的蔺相如深明大义而不顾小辱，廉颇知错能改、负荆请罪。他们的行为，都受"德"的光辉所照耀。

虽然"德"不属于知识，但是知识却对"德"有一定的影响。仍以《将相和》中的廉、蔺二人为例，廉颇是武将，"以勇气闻于诸侯"，但是却因为蔺相如出身卑贱，且以"口舌为劳"居己之上，而欲辱之。此时的廉颇看到的是蔺相如的出身和自己的战功。蔺相如是文臣，虽然出身卑微却以国家为重，面对廉颇的咄咄逼人，选择隐忍。一个是为一己私欲，一个是为家国大义，相比之下谁的"德"更高一层就不言而喻了。而在这个"德"的背后，显露出来的是各自的知识涵养。这并不是说"高知"就会"德高"，而是说一个人的品德涵养与他的知识来源与知识的丰富程度有一定的关系。同时这个故事也告诫我们，要在积累知识的同时，不断提高自己的品德修为。

也正是由于品德不属于知识的范畴，所以讲知识也就不能等同于育德。这里包含两层含义：一是育德不能用告知的方式，将"德"讲给学生。例如，在讲《周处》这篇文章的时候，教师想要让学生对"浪子回头金不换"这句话有一定的感悟或感触，如果仅让大家把这句话记在书上或者本子上，抑或是把它作为这篇文章的一个考试内容背下来，那么这对学生品德的涵养是毫无意义的，甚至会适得其反——学生会误以为只要浪子肯回头，那么无论之前做了什么都可以改过自新。既然如此，何不先做个浪子，之后再回头？教师说得简单，学生想得轻巧，结果是不但无法立德，反而于学生有害。二是不能将片面或者错误的理解讲给学生。例如，周处能改过自新是历经了生死后的大彻大悟，否则一个"凶强侠气"，连猛虎和蛟龙都不放在眼里的人，又怎么能在"里人相庆"的时候善罢甘休呢？此外，周处的醒悟还有高人的指点。如果不是陆云的一番点拨，他又怎么能痛改前非呢？所以，这篇文章如果只告诉学生"浪子回头金不换"，就是在断章取义。教师还应向学生传达它的另外一层含义，也是最重要的"育德"的内容——如果你没做好经历生死的准备，那么有些错是不能犯的。这其实就是儒家所说的"慎行"，即一个人无论能否对自己的行为负责，都要谨慎对待自己的言行。

（二）德智融合之道

部编版教材采用"人文主题"和"语文要素"双线组织单元结构，两条线索交错融合，与《课标2022》交相辉映。"德"作为"人文主题"中一个重要的组成部分，贯穿了整个教材体系，是暗含于语文课程中的一条重要的线索。随便翻开一本中学语文的教材，都会发现，无论是在单元中还是在单篇中，无论是现代文还是文言文，无论是课前预习提示还是课后练习，"德"字总是若隐若现，如影随形。这样的课程设计理念，既给学科育德提供了巨大的发挥空间，也为学科育德提供了肥沃的土壤。但是由于"德"是隐藏在文本内部的，这种"隐隐约约"的不确定性，也给教学带来了巨大的困难和挑战。强行去灌输育德思想，语文就失其所以为"文"了，这也是导致开篇提到的"重文轻德"现象出现的一个重要原因。"育德"就像孕育生命一样，本身就是一个痛苦且漫长的过程，更不要说将"德"与语文课程相融合了。

学科育德也给教师提出了更高的要求。德之高者往往育德于无形之中，语文教学之功高者又能将"德"与"文"完美结合。"德"既然隐含于文本之中，那么在教学中也就没有必要大张旗鼓地宣扬，甚至是将之作为明确的教学目标来完成。我以为，语文课中的"德"，应该像涓涓细流，流淌在文本之中；又要像无声春雨，滋润学生的心灵。语文学科中的"德"，应该是因文而生，随文而变，课终犹存于心，这就是所谓的合于文本，合于人，合于时。所以，教师应该遵守以下几条准则：（1）不与文本之德，心有戚戚焉则不取；（2）不能使德存于学生之心则不示；（3）非水到渠成则不为。教师应有宁缺毋滥、宁少毋偏的心理。如果不能育德强而为之，其结果往往是轻描淡写、浮于表面、流于形式，于人于己不过是走个过场罢了。这是虚假的"育德"，更是廉价的"说教"，这样的语文课也就成了"四不像"。

真正的德智融合的语文教学，要求语文教师要有悲天悯人的情怀，同时也要有过硬的专业素养。教师既是育德的执行者，更是育德的受益者。教学的最终目的是成就学生的同时，完成自我的蜕变。所以，在德智融合的语文教学中，应该是师生情感和能力都得到升华和提升的过程。

（三）德智融合之法

教之有道，则教不偏矣；教之有法，则事半功倍。在依据文本特征、学生特点和适时引导的基础上，教师要选择合适的方法、路径，促使"德"在教学中得以升华。

1. 点睛法

点睛法，取画龙点睛之意，即将文章中的"德"留存在讲课的高潮处，在学生以为"山穷水复"之时，给人豁然开朗之感。这种方法是将文章中的"德"高度提炼、抽象出来，引而不发，激起学生的兴趣，在学生百思不得其解之时，或者经过不断寻觅以后才揭晓其中的奥秘。例如，在讲《爱莲说》时，我想让学生理解"出淤泥而不染"到底是怎样的一种品行，但又不想直接告知，于是就运用了"点睛法"，让学生在对文章内容和语言表达形式的学习过程中不断地受阻，再将教学的重点由对知识技能的掌握，转换到对精神和品行的熏陶上。

具体教法是：

在梳理完文意后，我引导学生在文章写法和结构上找矛盾和反常的地方。思考片刻后，学生发现文章首尾两句的语序不同。文章开篇说"水陆草木之花，可爱者甚蕃。晋陶渊明独爱菊。自李唐来，世人甚爱牡丹。予独爱莲……"很明显，这是按照从古至今的时间顺序行文的，而结尾处的顺序却成了"菊之爱，陶后鲜有闻。莲之爱，同予者何人？牡丹之爱，宜乎众矣。"这个前后矛盾的表述，看似是结构上的安排，其实是作者所追求的精神境界的体现。

当我将这个问题抛给学生的时候，是希望他们能带着问题，搞清楚陶渊明和周敦颐在精神境界上的不同。事实上，学生也确实发现了二者的不同：陶渊明是"遗世独立"，周敦颐则是"异世独立"。但直到快下课了，他们还是没明白作者为什么要调换顺序。在最后时刻，我下发了一张关于周敦颐生平的资料，里面有他的生平事迹，也有他的历史成就。其中最重要的，是他作为宋明理学的开山鼻祖，所强调和提倡的"中庸之道"。何为中庸？不偏则谓中，不易则谓庸。这时学生恍然大悟，原来周敦颐爱莲之出淤泥而不染，是指他自己虽在尘世，却不染淤泥。他不愿像陶渊明那样独善其身，也不愿像世人那样争名逐利，而是选择在尘世之中行孝道，侍奉娘舅，开蒙学，教化黎民。这是何等的精神境界！经此一讲，学生对于"出淤泥而不染"的认识，已经高出"从淤泥中生长出来却不被沾染"这层意思的理解了。

这种方法实施的关键是，将"德"从文本中提炼出来，再通过问题的设计融入教学过程，在学完内容后用"德"点睛。

2. 伏线法

伏线法，取意"千里伏线"，本是文学（小说为主）创作的方法。在教学中是指教师用一条线索串联起整个教学过程，包括课前氛围的营造、课上的引导和点拨以及课后的跟踪关注。它就像个"卧底"一样，一直在各个环节出现，却又一直不被发现，哪怕是学完了课文，学生可能还是没明白自己为什么感动，但那一课、那篇文章却会长留学生心中。例如，在讲《植树的牧羊人》时，在无数次的阅读之后，我突然觉得自己就是那个牧羊人：十几年如一日，默默地教书育人，不求任何回报，两耳不闻窗外事，一心只教圣贤书。我想这也是大多数热爱语文教学的老师共有的心境吧。但是我要用什么样的方法，让学生在学完课文后能真正理解那个没有一点私心的牧羊人呢？我想，只分析他的人物形象，或者高声朗读作者对他的溢美之词，都不足以让学生震撼，进而影响到他们的内心。所以，我决定把自己作为一个"线索"，隐于教学之中，伏于课文之后。

我的做法是：

上课初始，我就明确了这节课的学习形式是让学生分享《植树的牧羊人》的阅读感悟，我当听众（在这之前我给学生看过《植树的男人》的绘本和动画）。

当时我面对的是40个教了不到一个月的学生。在最初的几分钟里，我坐在班级后面的凳子上，微笑着等待有人站到讲台上，分享自己的阅读体会或者感悟。但是希望并没有发生，班级越来越安静，以至于安静到让人有一种窒息的感觉。在等待无果后，我用开玩笑的口吻说："同学们，假设我们班现在就是那个牧羊人要面对的贫瘠之地，此刻的我就是那个牧羊人，大家的沉默就是那些风沙和碎石，植树的土壤、水、阳光在哪里呢？我希望能看到第一颗橡树种子，谁来？"一番鼓动之后，坐在第一排的一位女学生拍了一下桌子，说："我来说。"她说的内容大概有牧羊人的不容易、他要面对的困难等，具体我已记不太清了。但是，在她拍桌子的那一刻，我就已经被感动了。这个女孩在全班都沉默的时候，能大胆地站出来，我为她由衷地叫好。在她发言结束后，我跟学生说："同学们，刚刚大家所经历的沉默、等待，甚至是压迫，就像是牧羊人种树的过程，是多么艰难啊！但是只要有一棵橡树活了，那就不一样了。贫瘠的阿尔卑斯山脉有了生命，这是你们的功劳。"这时又有两位男生站起身来，然后有几位同学紧跟其后，还有几位女生也被邀约共同分享，一时间班级热闹起来了。分享声、辩论声、讨论声、笑声，变成了一曲美妙的乐曲，而此刻的我早已热泪盈眶。当我再次站在讲台上的时候,大家看到了我的眼中满含热泪,班级迅速安静了下来。

我平复了一下心情,问大家是否知道我为什么而流泪。大多数学生面面相觑,有些明白原因的同学却已动容。我说:"老师感觉自己就像那个牧羊人。我自己算了一笔账,在过去的16年里(到2022年),按照一年500节课计算,我至少上了8000节课。如果把这8000节课比作橡树种子的话,我就种下了8000多颗树种。在过去16年里,我就这么一直种呀种呀,却从来没看到过它们长成的样子。但是今天我看到了,我看到了大家从沉默到觉醒,这就是经历痛苦和等待之后的绽放。我要谢谢你们,让我有了继续坚持下去的勇气,让我明白了继续坚持的意义。"下课铃声响了,我带着泪痕离开了班级,身后的学生依然在讨论着那个牧羊人。

后来的很长一段时间,学生都把这件事作为写作素材写进作文中,有位同学在作文里说:"为了写征文而看一本书,还不如《植树的牧羊人》一节课带给我的震撼大。"有些家长听了孩子的描述,给我发信息说自己听完也哭了,真的被感动了。如果按严格的意义来说,这节课可能算不上真正意义上的语文课,但我始终认为它是我从教十几年来上的最好的一节语文课。因为我把自己融入到文章里,把学生带到了阿尔卑斯山,把牧羊人的形象和品质留存在了学生心里。

"求仁得仁",教师要手中有法,脑中有文,眼中有人,心中有德。方法是为内容服务的,而内容又是为了成人,成人的关键则在于他是否具有一定的德行操守。只有育人的方法对了,育人的内容才会发生真实的效用。学科育德不能将学科内容与"德"割裂开来,应该是在传授知识技能的同时,将"德"融入其中。

三、彰显教师的主导作用与学生的主体地位

教师是教书育人的主要实施者。语文课能否发挥育人作用,以及如何育人、育什么样的人,都是由教师具体落实实施的。教师有两只手,一只手拿

着书本,一只手领着学生。育人不是冷冰冰的说教,不能照本宣科。德智融合的语文教学,更需要教师充分发挥主观能动作用,坚持、坚守自己的主导地位。这种主导地位主要体现在:课前要慧眼识文,找到育德"火种";课上用真诚和理性点亮育德之光。

(一)慧眼识文,找到育德"火种"

慧眼识文,找到育德"火种",是指对文本做充分解读,紧扣文本特征,适度地开掘文本的教学价值。那些一看便知可以用来"育德"的文章,未必能够成为好的"育德"的媒介。有些文章看上去好像跟"德"相去甚远,却也能感染学生。这一切都在于教师对文本的理解和运用。例如,《纪念白求恩》这篇文章,一看题目就知道是在歌颂白求恩毫不利己、专门利人的精神品质。但是,要怎样将这种高尚的品质让学生有所感触、有所感悟呢?从文章的特征来看,这篇文章轻抒情,重说理。如果强行地向学生灌输,将白求恩医生的品质告知学生,希望大家向白求恩医生学习,那么,估计第二天学生有可能就会忘记老师上课说的话。所以,这样的文章不一定适合用来"育德"。而像《植树的牧羊人》这样的文章,表面看似与"德"无关,恰恰能成为"育德"的种子。

"德"是蕴含在各种文体之中的,是任何年代的作品都不可或缺的内容。有些文章可能重点不在"德",却有"德"的影子。这样的文章,教师在备课时可以选取一点,加以渲染。例如,《邓稼先》作为一篇人物传记,如果把学习邓稼先默默无闻、强烈的责任感和他个人的品德作为教学内容,可能就失去传记文章的文体特征,教学也会缺少"语文味"。如果立足这一篇来讲人物传记的写法,放大邓稼先的某种精神品质,结果可能会不一样。立足文体特征确定的教学内容,教学时就不会偏离文章的教学价值,而放大人物的性格特征又能将"育德"自然融入其中,可谓一举两得。

对于一些育德价值朦胧、模糊的文章,教师在备课时要将这些模糊的点清晰化。例如,《论语·学而》中,曾子曰:"吾日三省吾身:为人谋而不忠乎?与朋友交而不信乎?传不习乎?"对于一篇短小精悍的语录体散文而言，这一篇的育德价值是什么？表面看是讲修身，要严格要求自己。但是，如果把这一篇作为一个育德的内容，教师要如何让学生有所得呢？其实这句是从处事、交友和学习三个方面，来阐述"君子"的。孔子曰："君子求诸己，小人求诸人。"意思是说，君子总是从自身找原因（严格要求自己），小人总是从别人身上找理由（严格要求别人）。荀子说："君子博学而日参省乎己，则知明而行无过矣。"意思是说，君子广泛地学习，并且经常把学到的东西拿来检查自己的言行，（遇到事情）就可以不糊涂，行为也就没有过失。这三个言论是一脉相承的，都是在宣传"君子之道"。孔子拿君子的品行来教育弟子，曾子用君子的操守来反省自己，荀子则把君子的这种品行与实践相结合，警醒世人。所以，讲这句内容时，一定要清楚育德的要点在"君子"的养成，即如何让学生有"君子之风"，成为"谦谦君子"。

总之，教师在备课时要根据文章的特质随文定教，要在落实语文学科核心素养的同时彰显育德之光，要能从模糊混沌中理出育德的线索。

（二）课上用真诚和理性点亮育德之光

育德的关键不在于讲德说教，而是让学生有所感悟。而对于中学语文教学而言，育德的难点是如何让这些似懂非懂、懵懵懂懂、不懂装懂的学生从心底接受所学内容，甚至在内心产生一定的震撼。于漪老师提出"滴灌生命之魂"的教育思想，其实质就是要让育德在学生的成长中起到关键的作用。

学生进入课堂时并非一无所知，他们有丰富的知识储备、自己的想法和个性，不容易被外界所改变。根据初中生的普遍特征，教师组织教学时需要做到以下两点：（1）始终与学生站在一起，给他们提供辅助和支持，在情感上与学生同路。（2）要能以理服人，用教育的智慧点亮他们心中的火种。

教师是教学的主导，学生是学习的主体，二者本是一个学习共同体，是相辅相成的关系。韩愈说："弟子亦不必不如师，师不必贤于弟子。"所以教师在进入课堂之时，一定要放低身段、放下权威、放松心情，同样以一个学习者的身份与学生共同学习。这样，学生才会放下防备、放松身心，畅所欲言。在情感产生一定共鸣（共情）之时，教师再用自己的专业素养让学生清醒地意识到，他们自以为的"会了""懂了""明白了"，其实还只是一知半解，甚至是根本不解。在跟随老师学完后或者听了老师的点拨后，有豁然开朗之感，往往会伴随着"哦""啊""呀"等感叹词，甚至发出惊呼，这样的氛围对教学内容的落实，或者学科育德都有帮助。

在这个过程中，学生经历了从最开始的看上去懂，到教师的提问使他们认为本来"清楚"的内容变得模糊，于是学生开始怀疑甚至否定自己，最后再通过引导和点拨使其恍然大悟。唯有这样，学生才会真正认同、感悟老师所讲的内容（包括德）。

例如，在讲《秋天的怀念》时，我问学生知不知道这篇文章写了什么？表达了什么？学生几乎不约而同地说，写了对母亲的怀念，表达了作者的悔恨和对母亲的思念之情。显然，这是他们的"自以为知"。如果，我在这节课上围绕这两个点来开展教学，我想，无论我再怎么重申，甚至让学生把这个所谓的内容和主题记下来，都可能无法唤醒他们心中对自己母亲的感激之情。所以，我并没把重点放在对母爱和母子情深的分析上，而是放在母爱的表现形式上，放在作者对母爱的理解上。因此，在学生回答完上面的问题后，我顺势提出了另一个问题：既然是怀念母亲的文章，文题为什么不叫"怀念母亲"，而叫"秋天的怀念"？同样的道理，如果不是怀念母亲而是"怀念秋天"，又为什么要花众多的笔墨来写母亲呢？问题一出，只见本来信心满满的学生沉默了。过了一会儿，班级里只听到翻书的声音，我知道我的目的达到了。这样的问题并不是为了打击学生的自信心，而是让他们认清自我，踏实投入到课堂中来。学生通过分析文中母亲的言行以及对作者情感转变的理解，最终在我的引导下，对文中的母亲形象、母爱的表达有了新的认识——女子本弱，为母则刚。那个母亲不只是史铁生的母亲，更是中国传统文化影响下的所有母亲的化身——为了孩子隐忍着所有的痛，永远把活着的希望留给孩子。而史铁生是在真正理解了母亲之后才重获新生的。母亲在秋天去世，史铁生也在秋天获得重生，所以秋天不只是个季节，更是一种象征——作为季节的秋天，象征着生命的结束，也象征着生命的开始。这样的温度，这样的深度，这样的力度，是学生能否在心中感受到，能否真正接受"德"的熏陶的关键。

　　教学中的育德，不只是在教学内容上得以体现，还在教学过程中潜移默化地熏陶着。教学内容和教师的做法，是课上育德的一体两面，是言行的统一，是思想和行为的融合。

　　立德树人，首先要让德"立"起来，即让"德"从书本中"立"起来，从教学中"立"起来，从教师的言传身教中"立"起来。只有这样，立德树人才不会只是一句口号。学科育德，一定要立足于学科本质。教师需清醒地认识到，育德不是学科教学的附属品，也不是附加品，而是融于学科本质中的，与生俱来，也要与时俱进。

　　作为新时代的教师，我们要不断地修炼自己，修炼自己的德行，修炼自己的专业素养，只有这样，才能在学科育德的道路上越走越远，越走越稳。

第三章

单元教学：让核心素养在深度学习中落地

第一节
核心素养视域下的单元教学设计与实施建议

一、起源

我上课时喜欢让学生提问题，我自己也提问，因为问题能帮助我们认清事实，也能给学习指明方向。因此，在谈"单元教学设计"这个话题之前，我想先提几个问题，希望大家一起思考：

1. 单元教学要解决什么问题，或者说单元教学的目的是什么？
2. 单元教学要解决的问题，单篇教学能不能解决，即单元和单篇到底是什么关系？
3. 如何进行从单篇到单元的教学设计呢？

提这些问题，是想让教师在做之前想清楚、弄明白：我们到底在做什么？为什么要做？现在，很多时候教师是为了完成任务而进行单元教学设计，如考评要求、比赛要求、教学任务等。这样一来，教师就成了被动的接受者，是为了完成任务而进行设计。虽然这些任务可能是非常重要的，但教师的思想不是主动的。思想不主动，就无法说服自己。连自己这一关都过不了，又怎么能让评委、专家们认可呢？所以，从目前的教学现状来看，单元教学设计是大多一线教师进阶、提升自己的障碍。因此，我们有必要做一些梳理，先把关系梳理清楚，再进行操作实施。

为了想清楚这几个问题，我做了一点研究。从问题的终点入手——《课标2022》在课程目标中明确指出："语文课程围绕核心素养，体现课程性质，反映课程理念，确立课程目标。"这句话可以理解为，语文课程围绕"文化自信、语言运用、思维能力、审美创造"这四个核心素养，体现"语言文字是人类社会最重要的交际工具和信息载体，是人类文化的重要组成部分"以及"语文课程是一门学习国家通用语言文字运用的综合性、实践性课程。工具性与人文性的统一，是语文课程的基本特点"的课程性质，反映"立足学生核心素养发展，充分发挥语文课程育人功能""构建语文学习任务群，注重课程的阶段性与发展性""突出课程内容的时代性和典范性，加强课程内容整合""增强课程实施的情境性和实践性，促进学习方式变革""倡导课程评价的过程性和整体性，重视评价的导向作用"的课程理念，确立语文课程教学的"核心素养"目标以及九条总目标和学段要求。课程性质是教师上好语文课的依据，评价一堂课到底是不是语文课，主要看这堂课能不能体现"工具性与人文性统一"的基本特点。但要评价一堂课是不是一堂好课，主要依据之一就是，这节课反映了怎样的课程理念。而"核心素养"是语文教学设计思考的起点，也是语文教学目标的重要体现。它对语文教学的育人目标起到了决定性的作用。在课程理念中，我们关注到核心素养、任务群、课程内容整合、课程评价等关键词，但这些上位性的表述还是不能让我们对单篇、单元与核心素养的联系有清晰的认识。

于是，为了进一步厘清这三者之间的关系，我利用 Word 文档里的查找关键词功能，进一步整理并试图建立一定的联系。查询的结果是："审美"一词在《课标2022》里共出现22次，主要集中在核心素养的"审美创造"的表述中，在核心素养的"思维能力"与"语言运用"的表述中也有相关的阐释。比"审美"出现次数多一点的是"思维"一词，一共出现了31次，主要集中在"思维能力"的表述中，在"语言运用"与"审美创造"中也有相关的阐释。"文化"一词共出现126次，除在"思维能力"与"语言运用"中有相关的表述外，遍布课标文本的始末。"语言"一词共出现109次，且与其他三个核心素养（文化自信、思维能力、审美创造）均有直接或间接的描述联系，同样遍布课标文本的始末。"学生"一词共出现243次。比"学生"出现次数更多的是"学习"，共329次。"跨学科"一词则出现21次，主要集中在"跨学科学习任务群"中，但是"单元"一词并未出现在课标中。

至此，我们可以做个归纳：首先，就语文教学中的核心素养来看，语言是思维的载体，是审美能力的外显，是文化自信的来源。因此，语言学习是语文学习核心中的核心。其次，从关键词出现的次数来看，《课标2022》的颁布，是想让教育工作者们将视线转移到学生身上，所以必须明确"学习"才是重点中的重点。最后，单元教学在《课标2022》中未出现是事实，但现在存在大量的单元教学研究也是事实，这就构成了一种矛盾。对此，我的理解是：

（1）单元教学隶属于课程理念的一部分，即"加强课程内容整合"。请注意，是课程内容的整合，不是课程整合，所以只是课程理念的一部分，单元教学应该强调的是课程内容间的联系与统整。既然是课程内容间的联系与统整，那就可能要涉及两个概念：单元与大单元。我认为，单元依然是教材中的一个完整的教学单元，它是连续的以教材（编写者）的意志为依据，体现的是教学内容的联系。而大单元则未必是以教材的教学单元为依据，也可以是教师自己对课程内容的整合，体现的是教师自己的教学意志，如1+X的阅读教学模式。当然，从学理上讲，大单元教学也应该包含单元教学。

（2）从单元教学目的的指向来看，无论是教学内容的整合还是课程内容的统整，都对教师提出了更高的要求。单元教学更注重知识、技能的联系与连续性的呈现。也就是说，教师在设计单元教学时，要通盘考虑整体设计，然后在单篇课文中逐一实施，进而将知识和技能按照一定的序列或者逻辑关系联系起来。如果说，单元教学的出现主要是想改变传统教学的无序性和重复性的问题，那么单元教学的局限也就暴露出来——它必须依靠更大的单元设计或者在整本教材的统摄下完成，否则就会陷入另一种知识、技能的零散而导致的无序。所以，我说单元教学对教师提出了更高的要求和挑战，就在于教师在设计一个单元时，头脑里还要装着一个更大的单元——整本教材。很多时候单元教学设计还是教师进阶的考评内容，例如，上海的正高级职称评审就要求教师必须设计一个单元的教学。当然，教师的教学素养提升了，最终的受益者还是学生。

至此，我们解决了前两个问题，厘清了单元教学的目的以及与单篇教学的关系：单元教学是课程理念的一种体现，较之于单篇教学，它更关注对零散知识和概念的整合，由大概念、大主题统摄整个单元。了解了单元教学的由来和优势，也知道了它的局限，对教师而言非常重要。我们要清醒地认识到，任何教学模式或者教学理念都不是万能的，它在解决一类问题的同时也会出现另外一些问题。所以，无论是从事什么研究，或者实践什么新理念，我们都要保持一定的清醒和独立的思考：不盲目否定，也不盲目跟风，想清楚、搞明白再付诸实践。

我将一线教师的实践研究分为两种类型：一是做注解式的研究，即按照理论模型，在一定的操作方法的指导下去给某个理论做注解；二是带着自己的理解或者问题去实践某种理论，目的是解决自己的疑惑或者现实教学中所遇到的困惑，并获得对于这种新理论的理性的认知。这种研究无论是对研究者，还是对所研究的理论，都更有价值。没有理论支撑可能会让我们感到缺少底气，但一味地遵循理论，同样会让我们迷失自我。做研究如此，教学生亦如此。

二、从单篇教学到单元教学的三种模型的阐释

现在还剩第三个问题尚未解决，即如何从单篇教学走向单元教学设计。我通过一段时间的实践研究，将从单篇教学到单元教学的路径归纳为三个模型（见下页图）。

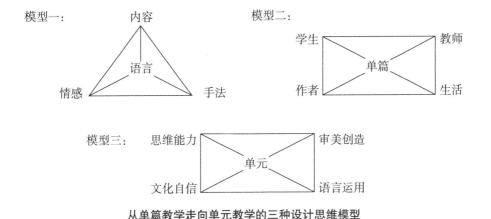

从单篇教学走向单元教学的三种设计思维模型

这三个模型的构思灵感来自老子的《道德经》中的"道生一,一生二,二生三,三生万物"。在道家看来,道是独一无二的,道本身包含阴阳二气,阴阳二气相交而形成一种适匀的状态,万物就在这种状态中产生。这句话其实也是辩证地揭示了事物从无到有的发展过程。其中的"一""二""三"各有所指,也相互作用、彼此联系。上述三个模型的设计就源于事物之间的"联系"。从单篇教学走向单元教学,不但要厘清二者之间的关系,还要让它们建立起一定的联系。在事物间建立"联系",往往会帮助我们解决一些复杂的问题。例如,总有一个学生不愿意听你讲课,这说明你跟他之间没有建立起联系;你读一篇文章,一直无法有所突破,这说明你还没和作者建立起联系;当你打开电视,突然看到运动员眼含热泪的迈上领奖台,但你却没有丝毫的感动,这是因为你没有同当时的情境建立联系。以上事例意在说明,只要建立起适当的联系,就可能会找到解决问题的方法。

该如何建立联系,又要同什么建立联系,才能做好单元教学设计呢?问题都要从源头解决。因此,有必要再回到对《道德经》中"道"的理解。在道家看来,无道则无一,无一则无二,无二则无三,无三则无所有。因此,创生万物的关键在于"道",而道又是无形的、难以捕捉的。从关系密切的角度来看,"道"与"一"的关系是最紧密的,所以,要想了解"道",首先要找到"一"。

对于语文教学而言，什么是"一"？什么又是"道"？我认为，语文教学中的"一"，就是语言。产生语言的"道"，就是作者的思想。正如刘勰在《文心雕龙》中所说的"心生而言立，言立而文明，自然之道也"。意思是，有了思想活动，语言就跟着确立，语言确立了，文章才能鲜明，这是自然的道理。由此可知，作者的思想和语言是一体的，在读者和作者之间建立起联系是为了探求作者的思想，而建立联系的关键又在于语言。

（一）以语言为中心使篇章内部联结

教师备课时，应该以语言表现形式为突破口，将文本的内容、情感以及写作手法联系起来。以往的教学可能是将语言与内容、语言与情感、语言与手法两两相连。这样做表面上是在将语言与其他要素相联系，实际上，是用语言将作品割裂开来。情感、内容和手法是三位一体的，不该分开，也不能分开。分开的结果可能是，停留在作品表面，片面地理解作者意图。

例如，《藤野先生》这篇文章，表面上好像鲁迅在聊家常，把他跟藤野先生的往事娓娓道来。所以在教学时，教师往往会关注到"可惜我那时太不用功，有时也很任性""但他也偶有使我很为难的时候""但不知怎地，我总还时时记起他，在我所认为我师的之中，他是最使我感激，给我鼓励的一个"等句子。通过这些句子来分析其中蕴含的"我"对藤野先生的情感，自然能得到"学生对老师想念、敬重和感激之情"的答案。但是要想理解更深一层的情感，或者说直抵作者内心深处，通过分析这些句子是做不到的。这就是为什么有时总觉得好像理解了作者，又好像没理解。作者的意图往往是隐藏起来的，但无论是直接的表达，或者是含蓄的抒发，都需要通过语言来实现。因此，关注什么样的语言形式，可能就决定了理解文章与作者的程度。上面的例子就是关注到了直接抒发的语言表达形式，得到的是"我"对藤野先生的想念、敬重和感激之情。但这篇文章不只是为了表达"我"与藤野先生之间的师生情，还有更复杂的情感。要想进一步探究，关键还是语言。

如果关注另外一些语句就又不一样了，例如，文题"藤野先生"就暗含了鲁迅复杂的情感。称老师为先生，是中国古代的称呼。藤野先生是日本的一位老师，但鲁迅仍尊其为"先生"，表达的情感是复杂的。这种语言形式的搭配，是内容、情感和手法的综合体现。就文题而言，作者用一种特殊的搭配方式交代了一位特殊的老师，表达了对这位老师的特殊情感，那么这种特殊的情感是什么？怎样让这种特殊的情感更加明晰？可以结合下面这些句子进一步分析："东京也无非是这样""我到仙台也颇受了这样的优待""也无怪他们疑惑""在讲堂里的还有一个我""——呜呼，无法可想！""在我的眼里和心里是伟大的""便使我忽又良心发现"。相对于前面作者直接表达对藤野先生情感的内容，这些句子所传递的信息量更丰富，表达的情感也更加隐晦。通过观察不难发现，这些句子贯穿了文章所提及的众多关键事件。仔细分析这些句子会发现，每一句话都能提出一个问题："东京也无非是这样"，这句话关联的是离开东京的这件事，一个"也"字就不能不让人产生疑问：还有哪里是这样的？"我到仙台也颇受了这样的优待"，关联初到仙台时的境遇，一个活生生的人却受了和物一样的"优待"，这对"我"而言还是"优待"吗？"也无怪他们疑惑"，关联的是匿名信事件，这是真的对他们的原谅，还是来自弱国的"我"的妥协呢？……对这些句子进一步追问便可发现，这些语句中包含着鲁迅对当时的中国、对自己、对日本、对国人、对那些所谓的正人君子的复杂情感，这些情感被隐藏起来，但却是作者最真实的想法，最想传递的思想。因此，教师在备课时，要抓住"不当"的搭配形式，关注"也""还"这些容易被忽略的副词，甚至是"呜呼"这样的语气词，都是接近作者思想的关键。

语言、情感、内容、手法是融于一体的，作者思想是这些要素共同作用的结果。也就是说，只有抓住独一无二的语言形式和写作手法，才能透视内容，真正抵达作者内心深处。将这些语句横向连缀起来，作者内心的情感就会立体地再现出来。由此可见，以语言为中心，将作品要素有机结合起来，是在单篇教学中落实核心素养的第一步。

（二）以篇章为中心的外部联结

如果说以语言为中心的备课（解读）是将教师与作者联系起来，那么以篇章为中心的教学，则是教师与学生、作品、作者、生活五者的联系。很明显，这种联系更加复杂多变。要解决这个复杂的问题，我们不妨再回到《道德经》。如果说，语言是语文教学的"一"，作者的思想就是产生语言的"道"，那么当我们解决了"道生一"的问题后，就应该解决"一生二"的问题。这里的"二"，按我的理解，是教师通过品味语言让学生在理解作者思想过程中，重新认识自我，认识生活的过程。作品虽然来源于生活，但往往高于生活。教学不能仅让学生徜徉在文学的情境中，更要让学生从作品中走出来，回归生活本真。

王尚文先生在《语文品质谈》中对语文教学是这样解释的："我以为，语文教学的核心任务就是教师引导学生去发现、感悟课文美好的语文品质，进而探究它生成的原由，使学生得到借鉴，最终达到提升自身语言作品的语文品质的目的。"[①] 他提及了"语文品质"，其实是对教学设计和教学实施的过程提出了更高的要求。也就是我们要做的事情，不是简单地建立联系，而是要建立高品质的联系。

高品质的教学设计追求的是对文本进行深度理解，在纵向挖掘作品内涵的同时，使学生在全新的体验中，感悟语文之美、生活之美。那么，什么样的设计才算是高品质的教学设计呢？我的回答是：随物赋形、依体而教、激荡思辨、移情体验。

1. 随物赋形

"随物赋形"出自苏轼的《书蒲永升画后》，其文曰："画奔湍巨浪，与山石曲折，随物赋形，尽水之变，号称神逸。"随物赋形的意思是针对客观事物本身的不同形态给予形象生动的描绘，它的本意应该是指文学作品的创作。我理解的教学中的随物赋形应该是，紧扣这一篇的特质，依据作者行文

---

① 王尚文.语文品质谈［M］.上海：华东师范大学出版社，2018：4.

之法，欣赏文本精髓。

例如，《白杨礼赞》作为一篇托物言志的文章，它的"物"就是"白杨树"，而作者所赋之形便是"志"。也就是说，学习这篇文章必须循着作者赋予白杨树个人之"志"的过程去教，引导学生"逐层脱卸"语言的外衣，直击思想内核——从白杨树的"出场"背景，到笔直、绝无旁枝、一律向上的外形，到倔强挺立、不折不挠的性格，再到伟岸、正直、朴质、严肃、温和的北方农民形象，最终升华为民族解放斗争中不可缺少的朴质、坚强、力求上进的精神，重现了作者赋予白杨树精神内涵的过程。然后再结合文题中的"礼赞"文化内涵——佛教用语（佛、法、僧礼拜三宝及颂经），让学生体悟作者对白杨树的虔诚的赞美之情，同时也学习了托物言志这种写作手法是如何运用的。

同样的方法，在讲《说和做——记闻一多先生言行片段》这篇文章的时候，我设计了一个活动，让学生抓住作者对闻一多先生在"说"和"做"两部分中的不同描写，还原闻一多先生从学者到民主战士的转变轨迹。这篇文章的特质是诗人用凝练的语言，通过几个片段，刻画了一个动态的闻一多的形象。教学就要循着这个线索，对人物形象进行还原。"说"和"做"是闻一多先生不变的形象，但不变中又包含着"变"，这是理解闻一多先生形象的关键。臧克家用闻一多先生的言行勾勒出一个"变化"的闻一多的形象。作为学者的闻一多是沉默的，只做不说。但后来，闻一多先生"说"了，开始是"小声说"，是给"昆明的青年"说，后来说的声音大了，"向全国人民呼喊"。从不说到说，从"小声说"到"呼喊"，从昆明的学生到向全国人民。在这样变化的背后看闻一多先生的形象，你会发现这是一个由"觉醒者"的形象到"革命者"的形象的过渡，此时的闻一多还不能算是严格意义上的"革命者"。后来，他又不仅限于"说"，更在"做"。从"起稿的一张政治传单"并交"我"传发，到在李公朴先生的追悼会上慷慨淋漓地大骂，再到生死关头昂首挺胸地走在游行示威队伍的前头。这时的闻一多，已经由"何妨一下楼主人"变成了"大勇的革命烈士"。能把一个人物形象的转变过程，通过人物的几个言行片段展现出来的人——臧克家，是诗人的跳跃性思维和严密的逻辑的结果，更是一个学生在老师身边的真实感受。

随物赋形不仅考验教师的眼力，更考验教师的设计能力。叶圣陶先生在《语文教学二十韵》中说："作者思有路，遵路识斯真。"找到"路"，"真"就自然显现出来了。

2. 依体而教

依体而教，是从这一篇走向这一类。叶圣陶先生说"教材无非是一个例子"，提醒老师们不要教教材，而是用教材教。王荣生教授非常重视"定篇"的作用，其目的也是"用教材教"。《文心雕龙》里有"选文定篇"之说，这些提法的目的是要确定经典，同时也要用好经典。刘勰在"宗经"一章中对经典著作做了评述："经也者，恒久之至道，不刊之鸿教也。故象天地，效鬼神，参物序，制人纪，洞性灵之奥区，极文章之骨髓者也。"大意是说，经典作品是不能轻易改变的，它能体现文章的所有精要的内容。这种思想对我们今天的教学也有启发——我们要利用好经典作品，让它发挥更大的作用。

对于经典作品的教学及利用，我从实践归纳出理解、提炼、模仿的教学策略。"理解"是指深入探究文本要义与作者情感表达方式的融合。对经典作品的赏析，应该建立在文本细读的基础上，要咬文嚼字，要细细体味字里行间融入的情感，以达到理解的目的。只有学生真正理解了这篇文章，才能开启对这篇文章的进一步学习。"提炼"是指对文章的基本写作手法的提取，即写作指导。"模仿"是让学生模仿写作，训练学生对一类文章的基本写法的掌握。

下面以《背影》为例进行说明。

首先，提问是理解的途径。通过让学生针对文本反常的地方进行提问，再将重点聚焦在"买橘子"一事的分析上，最后点拨《背影》所蕴含的哲理。

教学过程如下：

当我开始让大家提问的时候，学生是没有问题的，因为他们觉得这篇文章太简单了，没什么不理解的。于是我就问了一个问题：第一段中的"不相见"是什么意思？学生回答"不见面"。我说不全对，"不相见"是你不见我，我也不见你的意思。解释完后，我又问学生："你们现在发现问题了吗？"于是，大家开始纷纷提问，如为什么父子俩你不见我，我也不见你……我引导他们抓住文章的反常之处提问，在经过短暂的思考后，学生陆续提出了好几个问题：

（1）为什么要写父亲的背影，而不是他的面容呢？为什么他最不能忘却的是父亲的背影呢？

（2）父亲本不需要去送作者，也不必亲自去买橘子，为什么非要做这些事呢？

（3）作者在父亲买橘子前后对待父亲的态度是截然不同的，为什么会发生这样的变化呢？

……

这些问题，足以让学生深刻地理解这篇文章了。

我引导学生将分析的重点聚焦在"买橘子"这件事上，主要分析"我"眼中的父亲是如何"不容易"的。抓住"肥胖""攀""缩""微倾"等词，来体会父亲攀爬月台的不容易；再通过想象描述铁道、铁轨铺满碎石的路基，体会一个步履"蹒跚"的老者的另一重困难，然后再让学生对比父亲回来时作者观察到的"心里很轻松似的"表现。有了前面的分析，再去理解为什么作者会在父亲买橘子以及父子分别之后两次流泪。

我的点拨主要针对"背影"的美学和哲理的意味，给学生以美的启发。"背影"本身就给人一种距离感，无论远近。这里出现的背影，其实有一种"渐行渐远"的感觉，说它"远"是相对于文章中父亲在"我"面前"蹒跚"时而言，也是相对于他跟脚夫讲价钱、叮嘱茶房时而言。在父亲与"我"近距离相处时，"我"不但没有体会到父亲的用心良苦——父亲在"犹豫"和"蹒跚"时，作者这样写道："其实我那年已二十岁，北京已来往过两三次，是没有什么要紧的了。"而在父亲与脚夫讲价钱的时候，"我"却觉得他说话不漂亮，父亲嘱咐茶房时，"我"却心里暗笑他的迂。很明显作者在这些描述中有意暗藏了"远"与"近"的关系，当父子二人的距离越来越远时，他们的心才越来越近。

其次，提炼写法为模仿写作蓄势。提炼写法主要是针对经典例文的特点，提炼出关键写法。作为典型的回忆性散文，在提炼写法时不能忽视文章中的两个"我"，即现在之"我"与那时之"我"。引导学生对比两个"我"之间的情感，现在的"我"看当时的"我"是怎样的态度，这样的对比给读者带来了怎样的阅读体会。学生得出的结论是：只有将当时的"我"写得"不懂事"，才能为日后的"悔恨"埋下伏笔。"我"的成长和感悟是要经过时间沉淀的，当时应该是不懂的，但是当"我"为人父后，就懂了当时父亲的那份心意了。针对学生的理解，进一步提炼出从不懂到懂，从不理解到理解的写作模式。

最后，模仿训练是学习成果的体现。模仿是建立在对文本细读和写作手法提炼的基础上的。根据对文章的学习，总结出回忆性散文的写作要点：（1）可以多事件，但要有一个核心事件；（2）要体现当时之"我"与现在之"我"的情感对比；（3）对人物进行描写时，要细腻再现当时情景；（4）运用对比手法写作。经过写作指导后，学生基本掌握了回忆性散文的写法，就可以进行模仿训练了。

3. 激荡思辨

激荡思辨，是对文章进行思辨阅读，目的是让学生学会独立思考，依据事实发表自己的观点，敢于向权威挑战。对于思维能力，与其教学生思维的定义和方法，不如让学生在语言实践活动中提升思维能力。我在教学中非常注重对学生思辨能力的培养。例如，在讲梁启超的《最苦和最乐》时，我引导学生思考梁启超论述的局限性；在讲《愚公移山》时，我引导学生思考"夸娥氏二子负二山"的结尾的合理性，并能从作者表达思想的角度，结合全文给出合理性的理解；在讲《走一步，再走一步》时，我让学生思考，为什么爸爸不直接上山把"我"领下来，而是让"我"冒着生命之险自己下来，并结合文章内容展开讨论。

好的问题往往能抓住事物的矛盾，教学中往往可以利用文章中与常识、常情、常规、常理、常态相反或者相悖的现象进行设问。例如,《背影》中,作者写父亲经过再三"踌躇",还是决定亲自送一个20岁、去过北京两三次的成年人到车站,这就有点违背常情。从这个问题切入,就会发现当时父亲在工作和儿子之间,经过再三的思考最终选择儿子的那份深厚的情感。这些带有矛盾冲突的挑战性问题,表面上是为学生的思考设置了障碍,实际上是通过障碍使学生的思维得以提升。"不经一番寒彻骨,怎得梅花扑鼻香。"教学就是让学生在化解矛盾的过程中,获得思维上的锻炼和提升。

在实践思维训练的教学过程中,要注意避免用不着边际的问题引导学生,也不要将学生引向文本之外。激荡思维是为了让学生对文本有深刻的认识,所以,设计的问题要指向文本,同时也必须要求学生在回答问题时以文本为依据。为了更好地培养学生表达思维的能力,初始阶段,可以让学生回答时使用提示语。例如,"首先""其次""最后"等逻辑清晰的表达提示语;如果对某人或者某个问题有自己的见解时,可以用"我的想法是……,我的依据是……"这样的提示语,规范思考与依据;与同伴交流并获得一定启发时,可以说"听了×××的发言,我也想到了……,我的依据是……"这样的提示语,可以明确思考的来源,并与同伴形成"共同体"。提示语能更好地引导学生,使其思考有根据、思维有条理、思想有深度。

4. 移情体验

移情体验,是为了让学生亲身体验,融入情境,融入课文,反观生活。情感的获得和共鸣是一个复杂的过程,并不是教师能够灌输给学生的,必须亲身体会。"要想知道桃子的味道,就要亲自摘下来尝尝"说的就是这个意思。请注意,体验的目的不只是学个样子,走个过场,让课堂变得热闹些,移情体验的目的是让学生更好地与文章联系,与生活联系。

例如,在讲《卖油翁》时,我让一个学生拿着我提前准备的道具:矿泉水瓶和一次性水杯,模仿卖油翁酌油的画面,并让大家通过观察这位同学的动作，思考在"取、置、覆、沥"一连串动作中，是否还缺少一个环节，作者为什么不写这个环节。学生体验完后，观察的同学马上发现，少了一个"瞄"字。没有这个动作，普通人很难倒进去，卖油翁却可以，说明卖油翁酌油已经到了一定的境界。作者不写这个字，就是为了突出卖油翁的熟能生巧。这个环节的目的是让学生在体验的过程中，先与生活联系，再反观文本。

在讲《愚公移山》时，我让学生根据自己对这个故事、对愚公的理解，将文题以独特的形式写在黑板上，并说明理由。经过思考后，有的学生写了"公移山愚"，她认为愚公移山是一件愚蠢的事；有的把"山"字放大，把"愚公"缩小；有的把"山"字缩小，把"愚公"放大。这些同学都有自己的理解，这些理解就是他们对文章学习的最初体会，是他们学习的起点。

在清楚一篇文章该教什么之后，最重要的就是用什么样的方式传递自己的思想。教师对文本的理解是可以演绎的，例如，通过问题或者活动让学生进入文本，当他们从文本中走出来的时候，一定是情感得到了升华、技能有所提升、重新认识了自我、重新认识了生活。这就是利用单篇文章落实核心素养的指导思想。课文是连接学生、作者、生活的桥，教师要做的，是把学生领到文章里，让他们自己把桥建起来。这个过程中，情境设计、问题设计与活动设计都是实现目标的"脚手架"。

（三）以单元为中心联结核心素养与外部世界

前面阐释单篇教学，是为单元教学设计做铺垫。从学理上讲，应该是先有单元教学设计，再有单篇教学设计。这里之所以反其道而行，是为了让大家清楚，在进行单元设计之前，必须经过一定的过程。单元教学的开发和设计，是建立在对文本的充分的认识和理解上的，是建立在对学生需求充分的理解上的，是建立在教师丰富和专业的学科素养之上的。

还是回到《道德经》中，"道"是最难捕捉的，也是万物生发之始。对于单元教学设计，可以先从这个最难的"道"入手。在单元设计中，什么是最难的呢？从我和身边同伴的实践结果来看，提炼出能够统摄整个单元的大概念、大主题、大问题，是一件困难的事。这里，我们姑且将大概念、大主题、大问题作为单元教学的"道"。大概念就像一个车轴，起到固定的作用，是单元设计中的最顶层。但只有大概念，还不足以支撑起整个单元设计，必须依赖任务驱动具体落实，保证单元设计的实施。

  语文教学的无序性，给一线教师带来了巨大的困扰。比如修辞格，教师从小学开始教，但是到了中学学生依然用不明白。这种无序性让人诟病，但又往往无计可施。我认为，语文教学之所以无序，表面看是文章内涵丰富与取舍不当之间的矛盾，其根本原因是对"用教材教"还是"教教材"两者界限的模糊。单元教学的主题之所以难以提炼，关键还是教师不断地想做加法，希望给学生多一些内容。这种想法与以核心素养为导向的单元教学理念背道而驰，也是知识本位与素养本位冲突的体现。如果不改变这种观念，即便是能提炼出一个单元的大概念，但是当把这个单元放在整册教材中，又会迷失，进入无序性的循环中。所以，进行单元主题提炼的时候，一定是整体把握整册教材，把单元看作是完成某个更大单元的一个组成部分，而非全部。然后让各个单元通过一定的目标序列联系起来，构建一个相对完整的教学序列，更加彻底地实施"用教材教"的思想。我理想的单元教学应该是，每个单元应对一个主要的核心素养，并与语文的听说读写四个基本技能一一组合。单元的主题提炼要汲取篇章精华，结合单元教学要求顺势而为。各个单元间可以是并列的关系，也可以形成一定的逻辑关联。并列的关系可以使核心素养与基本技能组成的对应关系相互补充，形成横向联结的序列。逻辑关联则是核心素养与基本技能组成对应关系的深度融合，形成纵向联结的序列。

  核心素养与基本技能的对应关系是：审美创造——听，思维能力——说，文化自信——读，语言运用——写。

  在这种思想的指引下，提炼单元大概念就变得相对清晰且容易。下表是以教育部审定的2019年版八年级上册语文教材（五·四学制）为例，根据上文所提的想法，确定的整本书的教学序列。

八年级上册（五·四学制）整本书教学序列

单元	特征（要求）	核心素养	基本技能	单元主题	驱动任务（对应课文）
第一单元	新闻阅读	语言运用	写	新闻写作	任务一：写消息 任务二：写特写 任务三：写通讯 任务四：写评论
第二单元	散文、传记	语言运用	写	塑造人物	任务一：多事件联系 任务二：写作思路 任务三：传记写法
第三单元	古诗文	审美创造	听	诗画山水	任务一：听孙冬虎讲《水经注》之奇 任务二：听康震讲苏轼之达 任务三：听老师讲唐诗之美
第四单元	散文	语言运用	写	散文类型学习	任务一：学习回忆性散文的特征的归纳方法 任务二：学习托物言志散文的意义赋予方法 任务三：学习哲理散文中的矛盾提炼方法 任务四：学习抒情散文中的情景交融方法
第五单元	说明文	思维能力	说	炽热的心	任务一：说毛以昇的桥梁情节 任务二：说叶圣陶的园林情节 任务三：说法布尔的昆虫情节
第六单元	古诗文	文化自信	读	大丈夫的担当	任务一：读儒家经典中的君主之德与君子之德相关的文章 任务二：读千古愚公 任务三：读《史记》，知春秋 任务四：读诗人的家国情怀

由上表可知，六个单元从不同方面落实核心素养，以语言运用为主体，以写作训练为主要策略，以思维能力和审美创造为补充，提升学生的文化自信。整本教材是单元设计的指引，单元设计又是篇章设计的依据，这是一个自上而下的设计过程，需要设计者有大局观和独特的辨识能力。设计时需搭配核心素养与基本技能，确定单元学习主题，在主题的引领下，用任务驱动

单篇教学。

在实践的过程中，有老师反馈一个单元 10 个课时的课时量，时间太紧张，有些教学任务完不成。我想这种表现还是在取舍上出了问题，要么设计得太过繁琐，要么实施得有些拖沓。单元教学的实施和教学设计一样，也要做减法：要不断地提炼问题，简化设计，让学生获得更多体验的机会，让他们"在真实的语言运用情境中，通过积极的语言实践，积累语言经验，体会语言文字的特点和运用规律，培养语言文字运用能力"。

三、对单元教学的看法

"道生一，一生二，二生三，三生万物……"在《淮南子》中的解释是："道（曰规）始于一，一而不生，故分而为阴阳，阴阳合和而万物生。"我们前面说了"道"，说了"一"，说了"二"，还没说"三"。在这组数字组成的关系链条中，"道"和"三"是最关键的两端。可以这样说，没有"道"万物就没有开始，但是"道"仅与"一"产生联系，并没有与后面的"二""三"有直接的关系。据此可知，"道"有强大的生命力，但也有巨大的局限性。而在末尾的"三"却与"万物"相连，这说明"三"能生成万物。而这里所说的"三"是由两个对立的方面相互矛盾、有所冲突而产生的第三者，进而生成万物。说得直白点，只要有事物存在，就会产生矛盾，也只有产生矛盾，才会推动事物向前发展。

现在对于单元教学学界有两种声音：一种是反对单元教学，另一种是提倡单元教学。这两种声音看上去是尖锐的、不可调和的，但也恰恰是因为这两种声音的存在，促使着支持各自观点的人们在深入地了解、研究单元教学。我觉得单元教学发展的意义，并不在于有多少人去实践它、拥护它，而是有多少人真正理解它，并能在自己的课堂上服务学生，给学生的学习带来起色和改变。

海纳百川是中华民族胸襟的写照，我们愿意接纳一切能够给教学带来好的改变的思想和潮流。同时我们也是有五千年文明的泱泱大国，有自己的文化底蕴。在这篇文章里,我一直在试图将《道德经》与"单元教学"联系起来,就是想让这个新事物与文化接轨。在实践中,我也一直坚守"本土化"的研究方向。我想,只要自己对语文教学有足够清醒的认识,那么任何新的理念、新的思想、新的模式,都会成为课堂教学中新的生长点。

第二节
基于创造取向的单元学习设计
——以部编版语文教材九年级下册第一单元为例

部编版语文教材九年级下册第一单元为"诗歌单元",包含有《祖国啊,我亲爱的祖国》《梅岭三章》《短诗五首》和《海燕》。单元教学提示中明确了这四篇文章的体裁:"本单元的作品主要是新诗,也有以旧体表现时代内容的诗作,还有散文诗。"根据"文学阅读与创意表达"任务群对七至九年级的教学要求,将"学习欣赏、品味作品的语言、形象等,交流审美感受,体会作品的情感和思想内涵"与"尝试写诗歌"作为本单元的学习目标。

一、单元学习设计的设想

(一)单元设计的基本思路

单元教学可以围绕横向逻辑与纵向逻辑两种思路进行设计。横向逻辑是先把一个大任务分成并列的几个小任务,再利用每篇文章的特质逐一落实各部分内容。以部编版语文教材九年级下册第一单元的单元教学为例,如果整个单元的"大任务"是"感受诗歌之美",那么可以将这个大任务分成"语言之美""主题之美""意境之美"与"形象之美"几个并列的小任务,然后再通过四篇文章具体落实这四个任务,也就是以"美"为线索,串联单元教学(见下图)。

部编版语文教材九年级下册第一单元的单元教学横向逻辑

纵向逻辑是将"大任务"分为几个学习阶段,统整单元内容,使其呈现逐层递进的逻辑关系,前者是学习后者的基础。以单元为例,如果确定本单元的大任务为"学习诗歌之美",那么第一个学习阶段是通过对四篇诗文的学习,整体感知诗歌的内容与结构;第二个阶段是围绕主题与语言,分析四首诗歌;第三个阶段是通过四篇诗文,学习诗歌的韵律美、建筑美、意境美;第四个阶段是通过四篇诗文,提炼写法,模仿写作(见下图)。

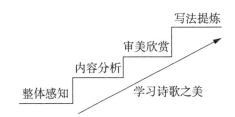

部编版语文教材九年级下册第一单元的单元教学纵向逻辑

但无论使用哪种逻辑结构,都是围绕诗歌的语言凝练、形式精致、讲究韵律和节奏这些基本特征进行设计的。讲这首诗和那首诗,最终的目的都是要让学生感受到诗歌的这些特点。不管是长诗还是短诗,都有这些相似的特征,只不过在内容和抒情的形式上有所区别。可以说,学习任何一首诗歌都离不开这些要素。基于这样的理解,我选择了用纵向逻辑结构的形式进行单元设计。

（二）单元学习目标的确定

诗歌是美的，教学应该力求让学生感受到诗歌的美。虽然这个目标非常符合诗歌教学的本质特征，但也不能用教师的想法代替学生的思考。调动学生的积极性，最好的办法是让他们也成为课程的建设者——让学生跟老师一起来确定本单元的学习目标。这样教师既可以了解学情，学生也明确了自己的学习目标。

1.学情收集

为了达成这个目的，我在正式讲解诗歌之前花了两节课的时间预热。第一节课是熟悉本单元的全部诗歌，反复朗读内容，从语感方面对诗歌内容和诗人的情感做出基本的判断。第二节课是分组读，具体操作如下：

有了第一节课对诗歌内容的熟悉，在分组时我让同学们将自己的学号写在自己喜欢的诗歌的下面，然后再以三人为一组，将其分成若干小组。分好组后，我给了一些时间让学生互相交流自己的阅读心得，然后制定一个本组单元学习的主要目标，最后派一名代表将目标写在黑板上。为了进一步分析和提炼，我将学生的学习目标收集起来，对其进行分类，然后制成表格（见下表）。

学生学习目标分组情况

目标关键词	解读诗歌	体会情感	体会韵律	学习写作
学　号	10、20、34，4、8、14、5、11、26、2、3、33、6、16、22	9、12、37、16、21、29、23、30、35、4、8、14、24、25、33、7、19、28	4、8、14	1、31、36

2.确定单元学习目标

在对学生的学习目标分类后，有几位同学的学习目标吸引了我的注意，如16、21和29号这组同学的目标是：诗，或浪漫，或磅礴，或温柔，也许我们会与这些诗相遇，结合自己的理解，读懂作者的意图。又如，4、8、14号这组同学的目标是：体会诗歌的韵律美，理解其中哲理的精妙之处，感受诗人对生活的热爱。

这两组同学虽然表述上有所区别，但都关注到了诗歌与现实（自身、生活）的关系。而这也恰恰是本单元诗歌的一个共性特质——具有很强的时代特征。读懂这些诗，就要通过具有时代特征的意象，或者与诗人生活相连的意象去分析。

另外，4、8、14号这组同学的目标关注点最为全面：理解诗歌内容，感悟诗人的情感，感受诗歌的韵律。相对而言，大多数同学只关注到了诗歌学习的某一个方面，如解读诗歌内容和体会诗人情感，这两个目标关键词的同学几乎各占一半。为什么大多数同学会对"解读诗歌"和"体会情感"感兴趣呢？很明显，他们并未把诗歌与其他文体区别开来，从"解读"这个词可以明显感受到，他们把学习诗歌的方法等同于学习散文、小说等其他文体的作品了。"体会情感"可能是来自单元教学提示中的"阅读这些作品，我们可以领略作者的情思"，当然也不排除学生依据其他文体的学习心得指定的学习目标，也可能是学生之前学习诗歌时积累的经验。

从这些零散的表达和学习目标中，我们不难发现，学生学习现代诗歌的意图是模糊的，对诗歌特点的了解也是片面的，并且对单元教学提示和课后的阅读提示的阅读并不充分。因此，有必要让学生在学习诗歌的过程中，对诗歌这种文体有进一步的了解。把解读诗歌内容作为主要的学习目标，是现代文阅读思维延续的体现。用学习现代文的方法去学习诗歌，不是不可以，但很可能把诗歌的"美"读"没"了。理解诗歌可以借鉴现代文学习的一些方法，但是绝不能将二者等同来看。所以，有必要让学生学习一些学诗歌的方法。

基于对学情的分析，我最终确定了一个单元学习的主题：探索诗歌奥秘，学习诗歌之美。确定了学习目标：（1）了解诗歌特点；（2）学习通过分析词语和意象理解诗歌内容，体会诗人情感；（3）结合自身实际试着写一首诗歌。

可以说，这三个学习目标是针对学生的问题有意设计的，同时也是在充分了解了学生意愿的基础上,与学生"共同"完成的。教师了解学生的问题,也让学生了解自己的问题。这样教师的教学和学生的学习都会有的放矢、有路可循。

二、基于单元学习目标的教学实施

(一)精心设计

精心设计的一个重要的标志就是"三单"的使用,即预习单、学习单和课后检测单(作业单)。整个单元的预习单的设计,主要目的是收集学情,具体如下:

诗歌单元预习单

1.通读整个单元,选出一首你认为写的最美的诗,谈谈阅读感受和自己的理解。

2.找到与你有共同兴趣的同学,组成小组(一组人数最多三人,如果人数多于三人,则需要分成多组)一起研读文本,记录共同的理解和不同的理解。

3.学习诗歌单元你想达成的目标是什么?想以什么样的形式来展示?

4.你觉得自己要达成目标最大的困难是什么?

5.你需要哪些支持或者需要老师提供什么辅助?

学习单主要是根据单篇教学设计的,所以每篇都有不同的侧重点。学习单的设计思路是抓住每一课诗歌的特征,例如,《祖国啊,我亲爱的祖国》属于抒情诗,抒情主人公的形象在时空上贯穿过去、现在与将来,这首诗的声韵、结构、内容、主旨皆美;《梅岭三章》以古诗的形式,描写现实、回忆、希望三个部分,体会革命家在生死关头对革命胜利的信心和坚持斗争的信念;《短诗五首》为群文阅读,凝练的语言蕴含着丰富的情感,字字珠玑,体会每首诗的美是怎样呈现的;《海燕》为外国诗歌,散文诗。下面以《祖国啊，我亲爱的祖国》的学习单设计为例：

<h2 style="text-align:center">《祖国啊，我亲爱的祖国》学习单</h2>

1. 找一找：你在诗中发现了哪些特殊用法的词语或者词语反常搭配组合的诗句？请一一记录下来。

2. 换一换：这些词语能否传递作者的情感？换一种表达是否可以传递出相同的情感？

3. 读一读：将整篇文章都换成正常的表述和搭配，再去感受情感。

4. 想一想：这些词的使用方法与诗歌创作之间是什么关系？

5. 写一写：试着用这样的搭配方式或者表达形式，写一两句连贯的诗句。

课后检测单中的自评问卷和写作是针对上课之前自己制定的目标进行的，其中，自评内容为：

1. 你在课前制定的目标是什么？
2. 通过本单元的学习，你是否实现了自己所指定的目标？
3. 你对自己的表现和学习收获满意吗？
4. 你认为本次学习自己最大的收获是什么？
5. 你对现代诗歌有没有新的认识？如果有，是什么？（无，可不填）
6. 你喜欢这样的学习方式吗？

写作作业结合了本单元写作训练要求——扩写，设计了两个选择性作业，分别是：

1. 学写一首诗（必做）。
写作要求：模仿、自创皆可，要有韵律，要结合自己的生活实际。
2. 结合语文书第16页的"写作实践"第一题进行扩写，具体内容如下：

诗歌是一种很特别的文学体裁,有三个突出的特点:一是用意象来表达情感,二是语言凝练,三是讲究节奏和韵律。

扩写要求:(1)回顾本单元的诗歌,从中选择几首诗作为例子,将之扩写成一段话。不少于300字。(2)针对三个特点,各举一两个恰当的例子。(3)对每一个例子做一些分析,更加清楚、具体地表现你对诗歌的认识。

3.选定本单元某一首诗进行扩写,选择适合扩写的点,补充情节和细节,增加对人物、环境的描写。

扩写要求:(1)特别注意文章内容的一致和连贯。(2)人称和语气保持前后一致,情节的发展或论述的推进要合乎逻辑,要有必要的过渡。

注释:1为必做;2、3选做其一。

(二)精致实施

精致实施是建立在教学设计基础上,从教师和学生两个方面进行双向教学实施;遵循以教师为主导,以学生为主体的教学理念。从教师"教"的角度来看,整个单元的教学,教师的教学行为大致可以分为三个方面。

1. 提供资料支撑

在教学实施的过程中,教师根据学生在预习单中所提的要求,可以提供诗歌的背景资料、人物故事和拓展文章。例如,《萧红墓畔口占》一诗,按学生要求,我提供了这首诗的写作背景,介绍了一些写戴望舒和萧红二人友谊的文章;《海燕》应学生要求,我提供了这首诗的创作背景及《春天的旋律》原文等。

2. 提供学习方法的支撑

以《祖国啊,我亲爱的祖国》为例。为了让学生能够掌握一些诗歌基本的分析方法,我为学生讲解了诗歌中的语言凝练表达——炼字与词语搭配。例如,第一节中"照"字的使用,正常的用法应该是"照亮你在历史的隧洞里蜗行摸索",但是诗人却只用了一个"照"字。诗歌炼字成金,特殊的表现形式必然有特殊的用意。这里用"照"而不是"照亮",既呼应了上句"熏黑的矿灯",又暗示了在"隧洞里蜗行摸索"的艰难和迷茫。词语搭配的错位表达,也是诗人常用的创作手法。例如,在这首诗中,"纺着疲惫的歌"中的"纺"与"歌"的搭配,"纺"本是用来形容看得见摸得着的"纺线""纺纱"等行为,但此处却用来形容看不见摸不着的"歌"。这就是利用了"通感"的手法,用视觉感受"纺线""纺纱"等活动的重复劳作,形象地再现了"老水车"在河边旋转取水时的"疲惫"。这种词语错位的搭配组合,为诗歌增添了许多新奇之美,也是传递诗人内心情感的重要依托。

我也为学生讲解了诗歌的形式和韵律之美,例如,诗中反复使用"我是……"的肯定句式,强调"我"与"你"的关系;诗中将长句子分行,使之错落有致,既有停顿的作用,又能体现诗人所强调的内容。如"你以伤痕累累的乳房／喂养了／迷惘的我、深思的我、沸腾的我",这个长句诗人将其分为三个部分,用三行分列。这样一来,诗句在内容上就有了层次,第一行强调"你"的状态,第三行强调了"我"的变化,第二行则是"你"和"我"之间"喂养"与"被喂养"的关系的体现。尤其是第三行,虽用顿号相连,但却是强调"我"的状态的变化,在朗读时一定要不断加深语气,声音越来越坚定和高亢。

我还为学生讲意象。其实本单元的诗歌都有很强的时代感,而这种时代感主要是通过意象体现出来的。继续以《祖国啊,我亲爱的祖国》这首诗为例。诗中提到的"老水车""熏黑的矿灯""干瘪的稻穗""失修的路基"和"淤滩上的驳船"等,都透着强烈的时代气息。理解诗歌,就要先理解那个时代背景,这样更有助于我们理解在那个时代背景下诗人的情感。

3. 抓住时机,激发学生写诗的热情

只教给学生分析和理解的方法,还不足以让他们有写诗的冲动,所以,我在酝酿着要写一首诗。就在我带领学生出操的间隙,操场上一棵玉兰树正开得旺盛,我一下子被这棵树打动了。上完一节课后我走出教室,又一次看到操场上的那棵玉兰，雪白的花瓣片片落下，随风起舞美极了。我像是被一种力量吸引着，径直走向那棵树。当我从操场回来后，就已经写好了这首《我为你而来》。

我为你而来

犹如起舞的蝴蝶，
飞过了镂空的篱墙。
趁着昨晚的雅兴，
和明媚的春光
跳了一曲酒醉的探戈。

我为你而来，
为了一场久违的阔别。
没有人的时候，
只有你在听我的诉说。
我想你开出一个
如你一样的我，
不管是绽放的流莺，
还是一片片漾着
涟漪的花朵。

我为你而来，
我知道
风儿一定会告诉你，
有一个人
从你身旁走过！

我把这首诗读给学生听，并让他们猜诗中的"你"是学校的哪种植物。

其中有两个同学说对了，因为他们正好看到我走向操场、走向玉兰。我告诉他们我那时的感受，告诉他们一定要抓住那种微妙的、让人有提笔的冲动的感觉。同学们听了我的讲解后，纷纷表示也要到操场上走一走，找找灵感，写几句诗。

（三）精彩呈现

没有精心的设计和精致的实施，就不可能有精彩的呈现。把讲台让给学生，把时间留给学生，把课堂还给学生，他们就会给你惊喜，就会给你意想不到的收获。展现学生的精彩，为他们提供舞台，是精彩呈现的关键。

1. 协同互助，不断完善对诗歌的理解

在前面"学情收集"中已经提到，在学习诗歌之前，同学们已经根据自己的喜好分成了三人一组的若干小组。在讲解诗歌时三人同时上台，由一人主讲，其他同学补充。这样做的好处是，既保证了每位同学平等发言的机会，又可以彼此触发并完善对诗歌的理解。

例如，对于《梅岭三章》，有的小组的发言是这样的：

生1："艰难"一词是与小序中提及"梅山被围""虑不得脱"相呼应；"泉台"与"艰难"也有一定的关系，"斩阎罗"就是斩杀敌人。

生2："烽烟"指的是书下注释所说的1927年以后的国内革命战争，到1936年正好10年。"此头须向国门悬"表明诗人要以身报国的决心，"后死诸君多努力"表明诗人希望战士们要奋勇杀敌，"捷报飞来当纸钱"是说希望幸存的同志们能用胜利的消息来祭奠和安慰"我"，说明他期待着革命的胜利。

生3：我来讲第三首诗。请分别看一下三首诗所讲的内容，第一首是回顾过去，第二首是鼓励战友，第三首是展望未来。我对他（指生2）所说的"捷报飞来当纸钱"指的是"期待着革命的胜利"的理解，不太赞同。我认为，这里是诗人对革命的胜利十分肯定，他坚信革命一定会胜利。整首诗（三首）没有任何的伤感和悲哀，虽然说他当时的情况十分糟糕（危险），但是仍然没有低落、伤感的情绪，反而是很激昂的。"投身革命即为家"说明自己投身革命十分坚定、义无反顾，对革命十分炽热，不后悔。三首诗里有很多呼应的内容，如第三首诗里的"血雨腥风"与"烽烟"和"泉台"都是呼应的，写出了战争的惨烈。

生2：我来补充一下。从"多努力"一词可以看出，他是在鼓励战友。"取义成仁"可以看出他不怕牺牲的精神，"今日事"是说他坚信人民会被解放。

从上面的片段中可以看出，三位同学始终围绕诗歌内容进行分析，虽然各有分工，但是都没有让章节之间断裂、孤立。尤其是第三位学生的"串联"和分析，十分精彩。其中最让我惊讶的是，他能读出"象外之意"——诗人虽"虑不得脱"，但整首诗却丝毫没有伤感和悲哀，这对诗人情感的分析是非常准确的。他的讲解，带动了第二个学生的进一步补充。这就是同学之间相互促进、不断完善理解的体现。

2. 打通生活与诗歌的界限，感受诗歌之美

英国浪漫主义诗人华兹华斯说"诗是强烈情感的自然流露"，意思是说，诗表达的情感可能非常强烈、非常炙热，充满激情，但是诗人在酝酿成诗的过程中，内心有可能是平静如水的。它体现了诗人在经历与创作时的两种状态。就像西格夫里·萨松所说的"心有猛虎，细嗅蔷薇"，诗人在经历时就是"心有猛虎"的感觉，而在创作时就是"细嗅蔷薇"。读诗就是要透过平静的语言，去感受诗人内心真挚而热烈的情感。学诗不适合用科学的分析方法，把诗中的意象与实际生活一一对应，而是强调一种"心有灵犀"的感觉。科学的分析法往往无法实现与诗人的"共情"，要想与诗人产生"共鸣"，就必须与诗人有相似的经历或心境，因此要打通诗歌与生活的界限，实现情感的"穿越"。教学时，教师既要讲授必要的科学分析的方法，也要不断唤醒学生的经历。这种看似可遇不可求的学习情景就出现在了这个单元《断章》一诗的学习中。

第一位上台讲解的同学发现了"你"贯穿全诗，此外诗中还有"看风景人""别人"的形象。结合写诗的时间背景——1935年10月，他展开了联想，认为诗中的"你"代表的是共产党，而"看风景人"和"别人"则代表国民党。

第二位同学同样结合时间背景，推翻了第一位同学的观点，他认为这里的"你"是国民党，而"看风景人"和"别人"指的才是共产党，他们之间是"看"与"被看"的关系。

第三位同学认为，《断章》不同于《月夜》和《萧红墓畔口占》，整首诗都没出现"我"。在不知"你"到底指谁的前提下，不妨把自己带入诗中，加以想象。他还认为，"风景"这个意象虽然只出现了一次，但却给人以想象的空间。而"看风景人"所在的位置是在"楼上"，这就与"你"所在"桥上看风景"形成了一种隔离，也是一种层次。但是当他继续要试图说清楚"你"与"看风景人"此时的内心情感的时候，却怎么也说不清了。

这时第四位同学上台，首先说的是他之前定的学习目标：结合自身经历读懂作者意图。他认为不妨结合自己的经历去读这首诗，接下来他讲述了两段与诗歌内容相似的经历。他说，在自己读这首诗的时候，脑海里出现了两幅画面。一幅是他在小区的河边看风景——看夕阳，看柳树，看形形色色的人从对面走过，回首之时，却发现他的朋友正在窗前看着他。另一幅是前一天他和另一位同学在窗前看风景时，正好看到我在大树下拍照，等我回头时他已经跟那位同学离开了。他说，很幸运自己在这个过程中扮演了两个角色，一个是"看"，一个是"被看"。所以，他读这首诗的时候，感觉并不陌生。第一小节中的"看"与"被看"都是一种偶然，"你在桥上看风景"是一种偶然，"看风景人在楼上看你"也是一种偶然。第二小节就是必然，"你"看了风景——月，月自然成了"你"梦中的"装饰"，而"你"也成了风景，"装饰"着在楼上看"你"的"别人"的梦。

前三位同学都在试图用科学的方法去解读这首诗，即便第三位同学已经很深刻地道出"风景"作为意象给读者的想象空间，也道出了"桥上"和"楼上"的空间距离和层次，可以说他已经在审美了，也读到了诗中的美。

但是当他想进一步走进诗人内心的时候，却仍被阻隔在了"诗"外。第四位同学则真正走进了诗歌，走进了诗人内心深处。

其实，每个人都有过"看"与"被看"的经历，只是这种经验一直存在于人的潜意识中，只有在特定的环境中受到刺激，这种经历才会被再次唤醒。诗和生活在此时发生了转换，平常无奇的生活成了诗，而充满哲理的诗却成了平常的生活。美就是这样被发现和感悟到的。只有打通了生活与诗的界限，才能真正走入诗人内心，感受到诗歌的美。

三、基于"创造取向"的教学反思和评价

我之所以没有在开篇就对"创造"这个词加以界定，是因为我想用事实说话——先把课堂呈现出来，然后再谈我对"创造"的认识。陈静静老师在《唯有自主创造方能开创未来》一文中对创造的理解是："自主创造取向的学习其价值将逐渐被认知。学习是复制前人的经验还是创造新的世界，这个问题的答案并不是非此即彼，不同的人类发展阶段、社会文化环境、人生发展阶段，答案都会有所不同。但如果学习过程中缺少了自主创造的成分，学习的内容就会干瘪、学习的方法就会机械、学习的效果就会受限。"[①]对于"单元教学"和"单元教学设计"而言，传统的教学方式和教学思维是很难与之融合的。与其用旧瓶装新酒，不如用新的思想和教学形式与之结合。

首先，理念上的创新为教学设计提供了新鲜的血液。将学习共同体理念融入到单元教学设计，是一个重要的创新。学习共同体是由学习者（学生）和助学者（教师）共同组成的，以完成共同的学习任务为载体，以促进成员全面成长为目的，强调在学习过程中以相互作用式的学习观作指导，通过人际沟通、交流和分享各种学习资源而相互影响、相互促进的基层学习集体。学习共同体理念中的"黄金三角"分别是：倾听关系、学科本质以及冲刺挑战性问题。我对这三个关键要素的理解是，以倾听关系的建立为基础，以冲

---

① 陈静静.唯有自主创造方能开创未来［N］.中国教师报，2021-01-06（13）.

刺挑战性问题为路径去探究学科本质。无论是单篇教学还是单元教学，抑或是整本书教学，其实质都是要在语文学习中落实语文学科的核心素养。安桂清教授说："我们发现围绕着学科的核心素养，整个的单元学习设计的基本要素，就是要以学习目标为指向，以学习任务为载体，以教师的学习支持为保障，以学习评价为引领。"[1]也就是说，无论是形式还是内容，二者所追求的最终目标是一致的。因此，将二者融合在一起，是服务单元教学的不二选择。

其次，形式上的创新为单元教学提供了持久的动力。在理念创新的指导下，我把"单元教学设计"改为"单元学习设计"。因为学习共同体的本质特征之一就是行为主体性。变"教"为"学"，就是为了体现主体性。在整个单元教学过程中，从最开始以共同兴趣为导向的自行分组，到单元学习目标的制定，再到学习中的分工合作、协同交流，除形式上的主体之外，学生在整个过程中也是学习行为的主体。整个单元的学习，除了第一首《祖国啊，我亲爱的祖国》，后面的诗歌都是以学生自学、自讲、自写为主。在这个过程中，我不仅起到示范和引领的作用，也起到支撑和串联相应知识的作用。在我的引导下，学生与学生、学生与文本、学生与作者、学生与生活之间建立起密切的联系，我从主讲者变为"主持人"，实现了身份的转变。以目标为导向，以协同学习为辅助，以彰显个人理解为核心的学习方式，改变了学生被动接受的状态，变"要我学"为"我要学"。这种转变，既给学生提供了展示的舞台，也给了他们完善自我认识、提升审美能力的机会。

最后，评价方式的创新为单元教学提供了科学的指引。整个单元教学我采用的是学情收集、过程调节和学习评价的方式组织教学。对于"学情收集"，前文已有详细的介绍，此处不再赘述。

过程调节是针对学生暴露的问题，及时采取相应的教学指导，使之围绕单元学习主题——探索新诗奥秘，学习诗歌之美，进行纠偏和自我调整。例如，在学生讲解《梅岭三章》的过程中，因为关注诗歌内容的解读，而忽略了诗人情感抒发的表现形式。为了避免"知人论世"的空讲内容，我引导学

---

[1] 安桂清.指向学科素养的单元教学设计［R］.上海：学习共同体研究院，2020，12.

生,要结合具体的词语、意象、语言形式去分析、理解诗人当时的心境和整首诗在抒情上的连续性。有了这首诗的讲解经验,后面再讲解诗歌时,学生就会非常注意诗歌的意象和词语的使用了。例如,一位同学在讲《萧红墓畔口占》的时候关注了一个词语——头边,一个意象——红山茶。她认为去扫墓应该把花放在逝者的墓边而不是"头边",这个词写出了戴望舒希望萧红并没死,而是睡着了。对于"红山茶"的理解,她认为,萧红应该非常喜欢花、喜欢红山茶,而红山茶的颜色是鲜艳的,可能暗示着萧红的生命并没有结束,而是像红山茶一样依然鲜艳、有激情。

学习评价主要分为课上评价和课后评价。课上评价主要是教师根据学生在上课时的表现进行评价,包括合作交流的状况、倾听记录的行为、公开发表的表现以及课堂学习气氛四个方面。课后检测单主要是一份自评问卷和一份写作作业。

自评问卷前文已述,此处不再罗列。

在这个单元学习完后,我共收到34份自评问卷,具体分析如下表所示。

自评问卷结果分析

问题序号	表达关键词	人　　数
1	目标制定	34
2	目标实现	31
3	满意	31
4	有收获	32
5	有新认识	32
6	喜欢	33

从表中数据可以看出,这个单元的学习得到了绝大多数同学的认可,也为绝大多数的同学带来了新知和收获。而少数参与度不高的同学或者对自己要求过高的同学,未能获得100%的满意,这也为我们的教学提供了一个新的研究方向——如何个性化地制定学习目标,让每个学生都能找到属于自己的学习路径。

对于写作作业,"达标"是指符合写作要求。从下表中的达标人数上看,通过学习,学生对诗歌的认识和理解都有了一定的进步,在诗歌与文章的转换上能结合语境和诗人的心境,展开联想、补充细节、还原或者再现诗歌。由此可见,诗歌写作对学生而言还是有一定的难度,要想写出一首优美的诗歌并非易事,但也并非难事。

本单元的写作作业情况反馈

内　容	参与人数	达标人数
写诗	34	28
扩写诗歌	19	18
扩写观点	12	12

四、结语

我理想中的单元学习设计,应该是以促成学生"学习"为目的的教学设计;我理想中的诗歌教学,应该是让学生感受到"美"。说得功利一点,光感受到还不够,还要把感受写出来并能让人感动。《易经·乾卦·文言》中有"修辞立其诚"之说,意思是说,真诚是写作的基础和前提。对于语言凝练度很高的诗歌而言,这一点更为重要。从这一点来说,评价这个单元的学习设计成功与否,不能只看有多少人完成了作业、达到标准,还要看是否有能感动人的文字,正所谓"言为心声""情动于中"。

附:学生作业

老师啊,我亲爱的老师

倪辰风

老师啊,我亲爱的老师,
我是您班上最不起眼的学生,

三年来一直做着您布置的作业。

我是您班上最不愿发言的学生，

您一直鼓励我发言。

我是没有认真

只为应付了事的学生。

您用绳一直拉着我，

不让我落下万丈深渊。

初三的我将是您的希望，

刚从不认真的蛛网里挣脱。

我是您挂着眼泪的笑窝，

是您最美好的小苹果

正在喷薄，发劲。

老师啊，我亲爱的老师。

《断章》扩写

周元竣

倚窗眺望，风景如画，小桥流水，那便是你在看的风景。

小窗与楼之间隔着漫漫长路，让我看不清你，但依稀能看到熟悉的背影。夕阳的余晖照耀下来，溪面上闪烁着亮红、亮红的颜色。一缕暖风拂过，手中的茶有了波纹。远处的你被风吹扬起了长发，在夕阳的映衬下显得更加动人。长裙随着微风摆动，与长发一起荡漾着，荡漾在我的心中。不知几时，你转身过来面向了我，我们的眼睛，彼此看着，平静的心此刻激起了一丝波澜。太阳渐渐落山了，远处的云彩时而桃红，时而霞紫，飘向远方，转瞬间只剩下地平线的一抹红色。我知道，只要这抹红色消失了，便是无尽的黑暗。

你站在桥上看风景，看风景的人在楼上看你。

你离开了，风景依旧，但是风景中缺少了你，只觉丢了什么，多了一丝伤感。月亮出来了,十月末的月亮总是缺一块少一块的,但是月亮依然很清澈,没有改变分毫。虽然你不在身边了,但我们还是共享着同一抹月色。

我们曾经坐上了同一辆绿皮火车,是时光的列车。列车驶过,冒出黑烟,把我熏出了眼泪,但只要坐在这辆车上就是幸福的。我好想跑过时光,告诉时光慢一点,告诉你,我一直记着你。

我和你的距离不过是窗与桥的距离,我和你的距离不过是你的心和我的心的距离,我和你的距离不过是:明月装饰了你的窗子,你却装饰了我的梦。

夕阳落下山了,但还有月亮,时光匆匆,我们从不同的起点去往不同的终点,也同样期待着走陌生的路。

不困于情,如此,安好。

那就让这一章翻过去吧。来到新的一章,必定更加美好,更加灿烂。

第三节
基于大概念的单元学习设计
——以部编版语文教材九年级下册第二单元为例

什么是学科大概念？为什么要进行大概念教学？如何进行大概念教学设计？这些问题一直困扰着一线教师。为了揭开大概念教学的"神秘面纱"，了解大概念在教学设计中的作用和价值，我在教学中针对上述问题做了一些尝试。

一、大概念与学科大概念

（一）什么是大概念

对于"大概念"，准确地说，到目前为止还没有明确的"概念"。学界对大概念的了解，多是从某一具体的概念中抽象、提炼出来的。例如，威金斯认为，大概念通常表现为一个有用的概念、主题、有争议的结论或观点、反论、理论、基本假设、反复出现的问题、理解和原则。[1]这些名词或者带有修饰和限定性的名词，都在向我们传递一个信息——大概念是具体情境中的问题解决的关键。刘徽教授认为："大概念，是理解的核心。"他还认为：

---

[1] 刘徽，徐玲玲. 大概念和大概念教学 [J]. 上海教育，2020（11）：28-33.

"大概念的生成是'具体—抽象—具体'的循环过程。"[1]

例如,如果将"家具"作为一个大概念,那么它的定义则是从具体的桌子、椅子等事物中抽象出来的。"家具"本身不具有直接使用的特性,但是人们在解决居家问题的时候,却必须面对这个"问题"。相对于桌子、椅子,家具就是大概念。而在具体的问题情境中,必须依靠桌子、椅子解决摆放和坐的问题。在使用这些具体的物品时,又会反作用于大概念。例如,桌子放在餐厅就是餐桌,放在教室就是课桌,放在飞机上则叫作"小桌板"。在不断地拓宽桌子的使用范围时,它从家具中剥离出来,有了新的名称并且被赋予了新的作用和价值。这时再从"餐桌""课桌""小桌板"中抽象出一个更大的概念,即"用具",它是"家具"的上位概念。这个过程就是大概念的循环过程。也就是说,大概念其实是一个相对的概念,它的"大"是相对而言,也是永无止境的。就像赵康所说的:"大概念已经不再仅仅是一个简单词汇,它背后潜藏着一个意义的世界,它超出了一个普通概念的应有内涵与外延,作为一种深刻思想、学说的负载体,已成为'思想之网'的联结枢纽"。[2]

(二)什么是学科大概念

"学科大概念"指蕴含在学科事实中的核心概念,包括学科思想、学科原理和思维方法,是落实核心素养的重要抓手。[3] 以单元教学这个语文学科事实为例,语文学科的大概念就是在教这个单元最核心的概念,这个概念可以体现学科思想,如审美、立德;也可以体现学科原理,如阅读教学必须建立在合理的知识基础上等;还可以是思维方法,如归纳法、演绎法、矛盾分析法等。也就是说,抽象出"大概念"的路径可以有千万条,但最终的归处必须是"落实语文学科的核心素养"。这与"进一步精选了学科内容,重视以学科大概念为核心,使课程内容结构化,以主题为引领,使课程内容情境

---

[1] 刘徽,徐玲玲.大概念和大概念教学[J].上海教育,2020(11):28-33.
[2] 赵康.大概念的引入与教育学变革[J].教育研究,2015(2):33-40.
[3] 单思宇,徐鹏.基于学科大概念的初中读写教学理路探寻[J].语文建设,2020(23):32-35.

化，促进学科核心素养的落实"①这一课程需要是相符的。

刘徽教授认为，与大概念相匹配的基本问题有四个特征：（1）经得起反复研讨；（2）指向学科的核心；（3）能够吸引学习者；（4）体现专家思维。②从这四个基本特征中我们不难看出，语文学科的大概念与"深度学习"有着千丝万缕的联系。钟启泉教授指出，深度学习的特征有以下几个：（1）同既有知识与经验连接起来进行思考；（2）掌握普遍的范式与内在的原理；（3）基于证据得出结论；（4）关注逻辑与推理，展开批判性讨论；（5）体悟学习中的成长；（6）潜心学程内容，孜孜以求。③

综上所述，可以对学科大概念做如下描述：学科大概念是能让学习者在持续且深入研究的情况下，促进对学科知识的深入了解，提升学科素养和能力的学习指导思想。要想在教学中借助大概念落实核心素养，首先要从学材中抽象出大概念，然后再以"深度学习"为抓手展开学习设计，并且在教学中紧紧围绕所抽象出来的大概念进行。操作的关键步骤是单元大概念的提炼和学习设计。

二、提炼单元大概念

基于对大概念和学科大概念的理解，我以为，单元大概念的提炼必须本着落实核心素养，即以"语言的建构与运用、思维的发展与提升、审美的欣赏与创造、文化的理解和传承"为目的。基本过程如下：明确教材编者的意图，结合教学基本要求，确定单元核心素养要素以及研判学情，在综合分析的基础上提炼大概念。具体到部编版语文教材九年级下册第二单元的"小说单元"，大概念提炼时需要注意以下几点。

---

① 中华人民共和国教育部.普通高中语文课程标准（2017年版2020年修订）[S].北京：北京人民教育出版社，2017.
② 刘徽.深度学习：围绕大概念的教学[J].上海教育，2018（18）：57.
③ 钟启泉.深度学习：课堂转型的标识[J].全球教育展望，2021（1）：14-33.

（一）大概念提炼需要关注编者意图

《义务教育教科书教师教学用书　语文（九年级下册）》中明确指出："本单元围绕'人物画廊'这一中心，选编了四篇中外小说。它们风格各异，写法不同，都是写人的名篇，在人物刻画方面各有特色。"

例如，《孔乙己》塑造了孔乙己这样一个"苦人"的形象，一方面揭露了科举制度的毒害，另一方面通过咸亨酒店的酒客们对孔乙己的戏谑，表现了当时社会的冷酷的现实。《变色龙》是俄国作家契诃夫颇具特色的讽刺幽默小说。它通过警官奥楚蔑洛夫对一条狗的态度的几次变化，活画出一个对上献媚、对下欺压、见风使舵、趋炎附势的小官僚的形象。《溜索》是当代作家阿城的短篇小说，描写的是西南少数民族地区马帮溜索的场景。小说选取了一个独特的视角，用传神凝练的语言，塑造了高山深涧中马帮首领等人强悍勇猛的形象。《蒲柳人家》是当代作家刘绍棠的代表作，它继承了中国古典小说的许多表现技巧和艺术手法，通过写几户普通农家的故事，表现了京东运河边农民的独特风貌，充满浓郁的民族风格和审美情趣。

本单元的单元教学提示明确指出："学习本单元，要在梳理情节、分析人物形象的基础上，对作品的内容、主题有自己的看法，理解小说的社会意义。还要学习欣赏小说语言，了解小说多样化的风格。"

（二）大概念提炼要关注课程标准与核心素养

大概念的提炼不但要了解教材编者的意图，还要结合课程标准，站在课程的高度进行提炼。《课标2022》指出："欣赏文学作品，有自己的情感体验，初步领悟作品的内涵，从中获得对自然、社会、人生的有益启示。能对作品中感人的情境和形象说出自己的体验，品味作品中富于表现力的语言。"《普通高中语文课程标准（2017年版2020年修订）》中关于课程目标明确指出："学生通过阅读与鉴赏、表达与交流、梳理与探究等语文学习活动，在语言建构与运用、思维发展与提升、审美鉴赏与创造、文化传承与理解几个方面都获得进一步的发展；坚定文化自信，自觉弘扬社会主义核心价值观，树立积极向上的人生理想，为全面发展和终身发展奠定基础。"

结合初高中课程标准的要求，进一步明确本单元需要落实的语文素养包括：（1）感受和体验文学作品的语言、形象和情感之美；（2）能欣赏、鉴别和评价不同时代、不同风格的作品；（3）具有正确的价值观、高尚的审美情趣和审美品位。

（三）大概念提炼要关注文本的共性与特性

大概念的提炼应该遵循守正与创新并存的原则，对于一个新事物保有一定的小心谨慎的态度是必要的，就好比对大概念的界定和特征的理解，必须是建立在对相关专家的论述的基础上。但是，一味地遵从前人的经验，就会有"不识庐山真面目，只缘身在此山中"的困惑。所以，在守正的同时教师必须发挥自己的主观能动性，要能做出判断和选择。

这种主观能动作用，主要体现在教师对文本的整体的分析和解读上。在分析和解读时，要关注文章中的共性与个性——关注共性是提炼大概念的基础，关注个性是落实核心素养的关键。本单元的四篇文章都塑造了人物形象，但是塑造形象的方法却各有不同。比如，《孔乙己》中作者在塑造孔乙己迂腐、可笑的形象时，抓住了人物肖像的不伦不类——站着喝酒而穿长衫的唯一的人，动作的故作姿态——"便排出九文大钱""将两个指头的长指甲敲着柜台"等，语言的拿腔拿调——"我便考你一考""多乎哉？不多也"等。在塑造孔乙己可怜的"苦人"的形象时，作者在对众人极力挖苦的同时又运用"史家笔法"，在不动声色的描写中塑造了一个尖酸刻薄、冷酷无情的掌柜的形象，将对人性的批判和抨击都融入到"看"与"被看"、"笑"与"被笑"的强烈对比中。《变色龙》则主要抓住奥楚蔑洛夫的语言和动作（脱大衣、穿大衣）讽刺其善变的特征。《溜索》通过关注人物的动作描写来刻画人物的英雄本色。《蒲柳人家》则是将人物置于矛盾冲突中，比如何大学问本是个粗人，得了外号后，却当真做起了"学问人"。

小说往往通过塑造人物的形象来表现社会生活。小说中人物的喜怒哀乐、悲欢离合，常常能折射出世态人情和时代风貌。这个单元的小说题材多样，意蕴丰富，人物形象鲜明，读起来令人难忘。因此，分析、理解人物形象是小说教学的核心内容，大概念的提炼应该涵盖对人物形象的讨论。

基于以上对大概念和本单元教学内容的分析，我将本单元的大概念确定为：小说通过典型的人物形象反映深刻的社会意义，彰显了作家个性和时代特征。

三、基于大概念的单元学习设计

传统教学是先教学生知识，再让学生运用所学知识解决实际问题，其宗旨是让学生在解决具体问题的同时获得一定的能力提升。基于大概念的教学是反其道而行，教师要先抛出一个基于真实情境的问题，让学生在解决这个问题中学会"自主、合作、探究"等方式去获得相关的知识和技能，也就是将原来的"教"变成了现在的"学"。因此，基于大概念的教学设计一定是以促使学生"学"为基础的学习设计。教师要在"学"上下功夫，首先要明确本单元到底让学生"学"什么。根据刘徽教授对大概念特征的描述，应该是那些"经得起反复研讨、指向学科的核心"的内容更据学习价值；然后再搭建"桥梁"让学生的"学"得以持久、深入的进行；最后再通过评价保证核心素养得到落实（见下图）。

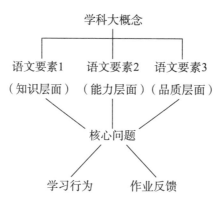

基于学科大概念的单元学习设计模型

（一）将学科大概念转换为核心问题

学科大概念是一个抽象概念，不能直接参与教学，所以在正式教学之前，必须将学科大概念转换为核心问题。传统教学注重"问题链"的设计，通过逻辑严密的问题"教"学生如何思考问题，获得知识，指向的是"双基"或者"三维目标"的落实。由于课文不同，所以每堂课的问题链的设计也是不同的。但是大概念教学强调的是"学科核心素养"的落实，相对于教师的有逻辑顺序的"教"而言，学生的"学"就显得混乱和无序了。

为了让学生不至于"天马行空"随意地学习，必须设计一个核心问题作为"统帅"，使其在一定的框架下自主、协同、探究。由于单元教学目标的一致性，所以整个单元的四篇文章都可以围绕同一个问题展开学习。也就是在让学生学习四篇文章相同的内容时，去比较、分析、理解不同的作者在不同的时代背景下塑造人物的方法和目的。基于此，我将本单元学习的核心问题确定为：小说的作者是如何通过塑造典型的人物形象反映深刻的社会意义，来彰显作家个性和时代特征的？

核心问题好比是学习这个单元的"车轴"，它将这个单元的语文素养要素和学生的学习行为以及作业反馈紧密连接，形成一个稳定的有机体。

（二）将核心问题分解为探究问题群

首先将核心问题分解。本单元的核心问题可以分解为"人物形象塑造""作家个性"和"时代特征"三个关键词。然后以"人物形象塑造"为核心词，与其他两个关键词进行组合，形成探究问题：（1）作家创作的风格有哪些？（2）这篇文章中的人物形象的塑造是如何体现作者的某一风格的？（3）作者用特殊的创作手法创作的特殊的人物形象是如何与时代相连的？最终形成探究问题群。

我用"探究"这个词来形容最终的问题群，是由于这些问题都比较"大"，不同于以往的"小"而"细"的问题。对于学生而言，可能无法一个人独立完成，所以必须组成学习团队（小组）协同完成。另外，对于这些问题的学习，绝不能仅限于文章本身，还要涉及课外的阅读，如"作家的风格"和"时代特征"这些问题必须借助一定的资料来分析。

这种设计的思路主要是为了消除学习者之间的隔阂。团队成员进行协同学习时，要求学习者必须具备沟通合作的能力和批判性思维。因为，对于不同的观点，学习者应持何种态度才会促进团队的提升，该如何取舍别人的意见和思想来促进自己的提升，这些问题都是真实的情境问题，也是教师"教"不了的问题。同时，这样的设计思路也是为了消除课内与课外的界限，聚焦"这一单元"又不仅限于"这一单元"，从而拓展学生的学习视野。因为无论是思维的提升和发展，还是审美鉴赏与创造，都不能局限于"某一篇"或者"某一单元"的学习。

（三）围绕问题群组织教学

叶圣陶先生说："教材无非是一个例子。"大概念教学更加强调对"例子"的使用，对教材的二次开发和利用，这就对教师的专业素养提出了更高的要求。如何激发学生的求知欲，如何用好"例子"落实核心素养，都是教师需要直面的问题。在实践中，我从三个方面组织教学：真实问题、协同讨论和成果互评。

1. 真实问题触发真实学习

大概念教学的实质是基于问题的教学，所以，学习的实施必定是基于真实的问题。对于学生而言，提出问题是学习的第一步，问题是学生思维的外显，问题质量的高低直接影响了学生的学习效果。为了更好地落实单元的语文素养，我给出了思考的参考范围——围绕人物形象塑造、作品语言风格以及时代特征几个方面进行提问。

给定思考的范围，其实是为学生的思考搭设"脚手架"。虽然限定了学生思考的宽度，却将学生的思考引向纵深，让他们在已有的认知的基础上，能通过"跳一跳摘到桃子"。例如，围绕"人物形象塑造"这个关键词，学生的问题就会向深度延伸：作者是如何塑造人物形象的？为什么会塑造这样一个人物？他想表达什么？与当时的时代背景有什么关系？这个人物形象对那个时代有何意义？……这些问题的解决不能仅凭文章内容，还需要适当地查阅资料补充相关阅读。学生解决这些问题的过程，既是对文本的深度理解的过程，也是自我提升的过程。

2. 协同讨论保障学习的高效落实

事实证明，对核心问题的探究，对于大多数初中生而言，都是具有一定挑战的，此时，协同讨论就发挥了"1+1＞2"的效果。当学习者遇到自己无法解决的难题时，最好的办法就是与同伴一起交流、讨论。这样不仅可以形成合力，还可以培养人际交往的能力。大概念教学中的核心问题的落实，就需要发挥协同学习的作用。学生需要先选定问题群中的一个或多个问题，然后利用文本或已有资料组织讨论，以求同存异为原则，使学习效能最大化。

例如，对"作者是如何塑造人物形象的"这一问题，讨论前需要有人先发起对这个问题的讨论，即发表自己的想法：我对这个问题很感兴趣，有人想跟我一起研究吗？然后寻找同伴组成一个团队，接下来是大家围绕这一问题展开讨论，彼此倾听、记录、发表、辩论。最后小组成员达成共识，向全班交流团队的学习心得或理解。

教师在这个过程中扮演的是倾听者、参与者，或者是讨论者，与学生一同研讨。当然要给足学生研讨的时间，要相信并且支持他们完成讨论。

3. 成果互评让学生实现自我评价

让学生参与最终成果的评价，不只是为了激发他们对成果展示的期待，也可以改变考试或习题给学生带来的抗拒和反感。既然是全新的教学理念，就要用全新的评价标准来衡量。为了让学生能自由地展示自己的学习成果，我设计了若干个活动，例如：

任务一：课本剧改编。

提示：（1）不改变作者原意；（2）彰显人物特征；（3）分工明确；（4）展示时间以5~8分钟为宜；（5）可以拍成短片播放。

任务二：完成一篇文本解读。

提示：（1）选取合适的角度切入；（2）关注小说细节；（3）能说出文本的"美"。

任务三：讲评书。

提示：（1）不能照本宣科；（2）可以对情节适当取舍；（3）尽可能再现人物性格。

任务四：为小说中的某个情节画一幅插图。

提示：不得与教材中的一致。

任务五：为某个人物写一个小传。

提示：要彰显人物性格，有典型事件。

学生可以根据自己的兴趣，任选一个活动，以自己喜欢的方式在单元学习结束后进行展示。学生既是学习者，又是展示者，更是评价者。在展示的过程中，学生可以围绕学习内容和学习目标，制定评分标准，如对原著的理解程度、作品的可观赏性、表演的投入性、是否有创新等，分值由学生自定。

当然这样的评价并不是想怎样就怎样，教师在给学生自主权的同时，也要行使监督权，保证学生认真、高效地完成作业。教师最终也要为学生的学习过程、学习结果和学习品质打分。学生互评、教师点评，全面客观地评价是保证大概念教学良性循环的关键环节。

有学者认为，对于大概念教学在学理未明之前，语文学科应该保持"冷静"，不宜贸然行事。我认为，对于"舶来品"我们既要保持警惕，也要敢于尝试。不怕失败，勇敢尝试，在实践中检验真理，是提升自我力量的源泉。大概念教学正因为它的扑朔迷离，才更有研究价值，更值得被广泛关注。

第四章

跨学科教学：探索学科边界，走向课改深处

第一节
立足学科实施跨学科教学

在研究跨学科教学之前,我每个学期都会给学生布置1~2个"长作业"。什么是"长作业"呢?顾名思义,就是要花长时间来完成的作业。例如,在讲完《咏雪》之后,我布置了一个作业:当谢太傅问"白雪纷纷何所似"之时,李白、杜甫、岑参、苏轼、李清照,以及你,会如何回答呢?请回去查找资料完成。这个作业用时一个周末。我也曾布置过完成时间更长的作业:利用暑假调查同龄人使用手机的情况,写一份中学生手机使用调查报告。现在看来,虽然完成作业的时间很"长",但还是在语文学习的范畴内,并没有跳出学科的限制。其实,那个时候,大多数人对"跨学科"这个词还很陌生,听得最多的是"语文课要有语文味""不能耕了别人的田,荒了自己的地"。所以,我很怕有人说:你上的不是语文课,故无论是上课还是布置作业,总是想尽一切方法,来彰显语文学科的特质。

几年前,STEM课程兴起,成了教学改革中的一股清流。后来,项目化学习又为教学改革注入了一股清流。之后,跨学科、大单元、大概念这些词如雨后春笋般,在中国教育的大地上迅速崛起。我并没有第一时间投入到对这些新词的研究中,而是花了五六年的时间研究文本解读和教学设计,并在2020年出版了自己的第一本专著《研究型教师的成长力量:经典文本解读与高品质教学》。我对新事物总是保持着好奇和谨慎,不盲目地否定,也不盲目地跟风。只有想清楚自己在干什么，才能把所做的事做好；只有想清楚自己为什么做这件事，才能把事情做得持久，且在做的过程中会慢慢喜欢上这个工作。就好比愚公，当他清楚自己把大山移走之后会是另外一片天地——"指通豫南，达于汉阴"，就毅然决定"毕力平险"，即便是困难重重，也阻挡不了他挖山的脚步。

自2021年起，我把自己的研究方向从文本解读和教学设计调整为阅读教学策略的研究。对于目前的课改现状，"大单元"和"跨学科"教学就好比太行、王屋二山。这两座山虽高大，愚公尚可绕路"出入"。而要研究阅读教学，怎么能跨过"大单元"和"跨学科"呢？好在，我也看到了"移山"后的新天地，于是便不遗余力地投入到"跨学科"与"大单元"教学之中。

下面我将从"什么是跨学科学习""为什么要进行跨学科学习""如何实施跨学科学习"三个方面来谈谈自己在跨学科学习的实践探索。

一、什么是跨学科学习

（一）跨学科学习的定义

"跨学科"（interdisciplinary）一词最早在20世纪20年代出现在美国社会科学研究理事会的会议速记的文字记录中，经哥伦比亚大学著名心理学家伍德沃斯首次公开使用后出现在大众视野。[①]"跨学科"是指分析、综合和协调学科之间的联系，使之成为一个协调一致的整体。鲍克斯·曼斯勒认为，跨学科学习是个体和群体将两个或者两个以上学科或已确立的领域中的观点和思维方式整合起来的过程，旨在促进对其中一个主题的基础性和实践性理解，该理解超越学科之间的界限。[②]

---

① 刘仲林.交叉科学时代的交叉研究［J］.科学学研究，1993（2）：9-16.
② 张华.论理解本位跨学科学习［J］.基础教育课程，2018（22）：6-13.

（二）对跨学科学习的理解

跨学科学习是以学科为起点，将两个或两个以上的学科通过任务和设计融合在一起，进而形成新的成果。新的成果往往兼具本学科与所跨学科的优点，就好比植物的"嫁接"，本来是两种植物，嫁接后就变成了一个新品种。这个新品种兼具了两种植物的优点，而且在抗病虫害、适应水土和产量上都有很好的表现。进行跨学科学习时，学科间相互赋能，打破了学科的壁垒，融通了各学科的精髓，稳定性更好，效能更加持久、可靠。

（三）国内教育界对跨学科学习的三种态度

根据收集的信息，我大致将国内教育界对待跨学科学习的态度分为三种：一是在学科内部"跨"，这种态度是典型的学科本位。以本学科教学为重，在学科内联通知识，达到灵活运用的程度。例如，我讲完《咏雪》后布置的作业，就是在学科内部"跨"。二是先"跨"出去，再"跨"回来。这种态度是学科本位与素养本位冲突的体现，既想兼顾本学科教学，又不想放弃跨学科教学。例如，郭华教授在《跨学科学习的学科立场》的报告中提出：站在学科的立场上，跨学科应该有学科本体……跨学科最终还是要回到学科本身的，要加深学生对学科知识的理解，才有能力进行更高水平的跨学科的学习。[①]三是"跨"出去，不回来。这种态度是典型的"素养本位"。夏雪梅博士认为，既然是跨学科，那就没必要再回到学科本身，她强调跨学科学习的本质是对固化知识逻辑的挑战，追求在复杂问题中的创新与回应，侧重于学科整合。[②]

无论是实践，还是冷静的思考，或者是热烈的肯定，在目前看来都推动着"跨学科学习"向着理性的方向发展，引领着跨学科教学向课改深处探索。

---

① 郭华.跨学科学习的学科立场［R］.北京：北京师范大学第二附属中学，2021.
② 夏雪梅.跨学科项目化学习：内涵、设计、逻辑与实践原型［J］.课程·教材·教法，2022（10）：78-84.

二、为什么要进行跨学科学习

（一）跨学科学习是课程改革意愿的体现

《课标2022》指出："义务教育语文课程培养的核心素养，是学生在积极的语文实践活动中积累、建构并在真实的语言运用情境中表现出来的，是文化自信和语言运用、思维能力、审美创造的综合体现。"核心素养在注重"基础知识"的同时，也注重"高阶思维"与"非认知能力"。

跨学科学习是课程改革意愿的一种表现形式，是课程理念的体现，也是落实核心素养的重要举措。当今世界科技进步日新月异，网络新媒体普及迅速，人们的生活、学习、工作方式不断改变，儿童、青少年成长环境深刻变化，人才培养面临新挑战。我从教至今正好18年，18年里我经历了上海市中小学课程改革第一期工程到第二期工程（以下简称"二期课改"）的转变，从"双基"到"三维目标"再到"核心素养"的进步。教育理念不断在更新迭代，与时俱进，随之改变的还有教材。以上海为例，在过去的18年里，我经历了从S版、H版教材到沪教版教材，再到现在的部编版教材。当然，这18年里，不只是教材和课标发生了改变，学生也变了。18年前的学生要想上网，只能到网吧，想买东西必须用现金。现在几乎人手一部手机，想买什么在手机上操作便可。可以说，现在要执行的教育理念已经不是以前的教育理念了，现在用的教材已经不是以前的教材了，现在面对的学生也不再是从前的学生，但是学校依然用18年前（甚至更早）的教学方法。这就造成了先进的教育理念与落后的教育模式之间的矛盾，这也是教改和课改急需解决的矛盾。

教育变革是从教师的教学思想变革开始的，然后再落实到实际教学上。跨学科学习是目前教学中需要，但却缺少的一种新的教学形式。教师只有接受了一种新的理念或者教学形式，并发自内心的想要改变自己的课堂，那么无论是跨学科学习，还是项目化等其他学习形式，都是提升自己教学能力的途径。

（二）学生自身特点的需要

现在有一种现象非常让人担忧：一个孩子在幼儿园、小学时非常乐于表达，但是，随着年龄的增长、学段的升高，他在课堂上的表达却越来越少。孩子的发言少了，声音轻了，就连眼睛也渐渐失去了儿时的光亮。这绝不是个例，而是一种普遍现象。教师虽然不必为学生的"明天买单"，但必须为他们今天的成长负责。教师有责任教会他们知识，有责任让他们在学习中学会待人接物，与人交往、合作，更有责任让他们在快乐中学习，在学习中收获，在收获里成长。因此，现在的学生需要与众不同的学习方式。

（三）跨学科学习的优越性

我们必须意识到，在学校这个场域中，学生所遇到的困难和问题，都是人为的，就是为了让学生能够在日后的工作和生活中运用所学知识和技能，解决实际问题。学科教学往往是从这一点出发，但是多数情况下，学生遇到的问题都是学科内部的问题。所谓的复杂问题，也是学科内部的复杂问题。例如，要写一篇命题作文，可能需要调动学生的知识储备，还可能涉及地理、历史等其他学科的常识或知识，但归根到底，还是解决语文学科的问题。

既然教学能制造出学科内部的问题，用于满足学生日后的生存和生活需要，那么同样也可以制造出跨学科的问题，用以培养学生在以后面对复杂环境中的复杂问题时的思辨能力、执行能力、合作能力、表达能力等。在现实生活中，学生面对的往往不再是学科问题，而是复杂的综合性问题。在这种情况下，跨学科学习的优越性就体现出来了。因为，单一学科在解决复杂问题时，往往会受到学科本身的限制，而跨学科涉及多个学科，以创建一个统一的结果或观点，其持续性和实质性足以创建一个完整的新学科。如果说用单一学科解决问题是质变，那么跨学科就属于量变。这种量变，不仅体现在解决问题后的成果，更体现在学习者本身对所跨学科的重新认识，以及在解决问题过程中的成长变化。

例如，在讲完《〈论语〉十二章》后，我让学生用一个月的时间拍一部微电影。在完成这个跨学科学习任务后，许多学生在之后的作文或者随笔中也讲述了这件事。一位学生说："我深深感到了来自所有编辑的压力，那一刻，我明白了，如果想要做一件事，迈出第一步是无比困难的。"还有学生说："在这次活动中，同学之间相互帮助，增强了团队协作能力。在看到成果后，我们意识到自己还有许多不足的地方。这次活动给我们带来了前所未有的成就感。这一小段影片，记录了校园中的我们——在我看来，这便是友谊的象征。"一位十分惧怕写作文的学生，在讲述这件事的时候，甚至写了800多字。

又如，在学完《中国石拱桥》后，我让学生花两周的时间，用自己喜欢的方式，将校园里的小桥按照一定的比例做出来，并写一段说明性文字。一位平时上课不认真听讲的学生立马来了兴致："老师，用什么方式都可以吗？我用折纸折出来行不行？"我肯定了他的想法，并表扬了他的创意。下课后，他第一时间跑到小桥边数小桥的台阶，后来他交上来一座十分别致的纸桥。从那以后，他在语文课上听得很认真。

卢梭说："从认识你的学生开始，因为你对他一无所知。"跨学科学习，能让教师更全面地认识学生。与传统教学不同的是，跨学科学习给了学生展示的空间：在活动中大家通力协作，形成良好的同侪关系，彼此帮助，互相支持，相互学习。在这种关系下，问题和困难逐渐被解决、克服，而个人的闪光点不断被放大，这就是跨学科学习的魅力和意义所在。

三、如何实施跨学科学习

跨学科学习活动的最大特点是以终为始，将预期成果作为任务驱动，融和所跨学科的核心素养。跨学科学习设计一般是以所教学科为起点，以活动成果为终点。而在进行跨学科学习设计时，先要弄清楚两种关系——跨学科学习中的师生关系和被动的教育模式与主动的学习模式之间的关系。这两种关系是实施跨学科学习的前提条件。然后是利用好三个要素，即真实情境、挑战性问题和创新成果。这三个要素是跨学科学习活动设计的必要条件。

（一）改变个人教育理念，明确两种关系

古人有"文以载道"之说，即"文"载作者之"道"。如果文章传递的是作者的思想，那么教学就是在传递教师的思想。教学是在用个人的方式去演绎自己理解的教育意志，因此，大多数学生身上都或多或少有教师的影子。所以，在实施跨学科学习这种新的教育方式的时候，教师要先改变个人的教育理念。

1. 跨学科学习中的师生关系定位（师生关系的变革）

现在学生面临着概念知识的深度学习、批判性思维技能的运用以及以计算机技术为媒介的应用等多种挑战，在这种情况下，教师与学生之间关系的定位可能会对课程实施起到巨大作用。我发现，当教师放下身段、俯身倾听学生发言的时候，课堂的氛围就会变得柔和，教学过程就会顺畅很多。

如下图所示，在跨学科学习中，教师是课程的设计者、活动的推动者、学生的影响者，学生则是课程的执行者、活动的思考者、教师的促进者。教师和学生同为"学习者"的身份，以学习的姿态应对未知的领域，解决真实情境中的复杂问题。

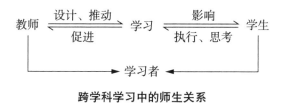

跨学科学习中的师生关系

2. 被动的教育模式向主动的学习模式升级（教学模式的变革）

回顾18年的教学经历，我正好经历了"双基"到"三维目标"，再到"核心素养"的变化。作为一线教师，我对"二期课改"和《课标2022》有

深刻的体会,可以说,我的教学就是随着课改的深入而渐渐发生变化的。我的四个阶段的教学经历,正是从被动的教育模式升级为主动的学习模式。

第一阶段:不会文本解读,课堂毫无生气。这个阶段,我初登讲台,在教学中仅能落实"双基","三维目标"还不能得心应手地实施,所以,学生对听我讲课也并没有太大的兴趣。在这个阶段我意识到,如果对文本理解不深刻、不通透,上课时就会有"隔靴搔痒"的感觉。

第二阶段:潜心钻研文本,力争教学生动。在这个阶段,我对于一篇文章,能准确地确定教学内容,把握教学重难点,讲解也比较生动有趣;对文章的内容主旨、逻辑结构能讲出一定的道理。我感觉自己讲得很明白,但学生的表现却不尽如人意。这种现象其实就是杜威所说的,将无聊的教育内容从一种媒介转移到另一种媒介,并不会让它变得生动有趣,也不会对学习有任何改善。[1]

第三阶段:优化教学设计,让学生参与其中。当我发现,自己的深刻认识并不能成就学生的时候,便开始转向教学设计,在教学法上花心思,下功夫——想办法让学生参与进来。这个阶段,课堂热烈,学生的学习热情高,我对文本的理解也深刻了。

第四阶段(现阶段):追求课程整合,直击核心素养。随着《课标2022》的出台,随着对新课改的憧憬,随着自己对课堂的深入和对学生的了解,经过一年多的跨学科学习实践,我发现学生每次听到有新的跨学科学习任务时,就会很兴奋。同时我也发现,最希望跨学科学习的恰恰是那些平时不被老师注意、学习基础薄弱的同学。

师生关系和教学模式的改变,促成了学生的主动参与,理想的课堂样态渐渐清晰。教师与学生之间不再是教与被教、讲与听的关系,而是相互促进、互相成就的关系。教师在成就学生的同时,也在成就自己。这就是教学相长。

---

[1] 约翰·杜威.民主主义与教育[M].王承绪,译.北京:人民教育出版社,2001:162.

（二）精心设计，利用好三个要素

真实情境、挑战性问题和创新成果，是跨学科学习设计的三个要素，它们决定了跨学科学习设计的质量和实施的效果。

1. 情境是培育跨学科成果的土壤

跨学科学习解决的复杂问题来自生活中的真实情境。李吉林老师认为："情境不仅为儿童语言发展提供了非常好的场景，而且还使老师和学生的关系变得融洽。"[1]撬动思维、融洽关系是跨学科学习得以实施的重要条件。如果情境的创设不能激发学生的思考，在进入具体的学习情境时师生和生生的关系又不是和谐的，那么跨学科学习注定是失败的。

跨学科学习中的情境和创设方法有三种。

（1）根据文本特点，创设跨学科学习情境。

既然跨学科学习是以学科为起点，那么文本就是语文学科跨学科学习设计的起点，所以进行情境创设的时候必须用好文本，使学科学习与跨学科学习紧密联系起来。

下面以"成也蜕变，败也蜕变"的跨学科学习的情境创设过程为例进行说明。

首先，从《蝉》这篇文章中选取一定的内容作为情境来源，如"纤弱的幼虫蜕皮的时候，这是一件顶重要的事情……总的过程大概要半小时。这个刚得到自由的蝉，短期内还不十分强壮"。

其次，对选择的内容进行分析提炼，找准与生物学科的关联点。许多昆虫都会进行蜕变，蜕变对幼虫是有利的，蜕变之后它们会变得更加强壮，但蜕变的过程中它们会非常脆弱。这个蜕变的时机就可以被人类利用，所谓成也蜕变，败也蜕变。

最后，跟生物学科联系起来。创设跨学科学习情境：2021年，联合国粮农组织估计，全球每年有多达40%的作物产量因虫害而损失，入侵昆虫造

---

[1] 李吉林. 情境教育：一个主旋律的三部曲[M]. 北京：中国人民大学出版社，2019：65.

成的损失至少为700亿美元。请你通过对中国害虫的观察和研究，给我国农业农村部写一封灭杀害虫的建议信。

（2）根据教学需要，创设跨学科学习情境。

有些学习内容本身存在一定可充实的空间，如果照本宣科，可能就无法达到预期的结果。因此，有必要给学生创造一个新的教学情境，使之与所学内容联系，既丰富学习内容，又激发学生兴趣。

下面以"合理使用手机的建议书"的跨学科学习的情境创设过程为例进行说明。

首先，结合文本内容选择情境来源。鉴于部编版语文教材八年级上册第四单元"综合性学习"为"我们的互联网时代"，邀请信息技术老师或互联网从业人员，利用课外活动时间，举办专题讲座，教学生如何使用搜索引擎、网络词典和专题数据库等。

其次，对相关内容进行分析提炼，找准与信息技术学科的关联点。学生是数字时代的"原住民"，他们对电子设备的依恋程度远于其父母、长辈。但过多地使用电子产品也给他们的身体带来了巨大的伤害，网络信息的杂乱又使自制力差的学生沉溺其中无法自拔。信息技术成了一把双刃剑，其在服务学生学习、帮助学生获得技能的同时，也影响了学生的身心健康。

最后，根据网络学习的特点，创设跨学科学习情境。目前，网络使用呈两极分化：要么不用，要么乱用。家长和孩子因为手机等电子设备的使用常常发生争执，而作为新时代的中学生，我们也离不开网络。你能否根据自己的调查和切身体会，结合实际案例分析，为手机等电子设备的使用产生的争执提出一些解决问题的建议，写一份手机使用建议书——如何合理地使用手机或者合理地管控手机的使用。

（3）根据生活实际，创设跨学科学习情境。

教学和生活是紧密相连的，学习既受生活影响，又影响着生活。因此，跨学科学习情境的创设可以与现实生活联系起来。

首先，明确情境来源。例如，疫情期间，学生居家线上学习了《外国诗二首》——《假如生活欺骗了你》和《未选择的路》。

其次，根据生活实际，分析、提炼、找准与音乐学科的联系点。学生情绪低落，在迷茫和惶惑中学习，他们需要一股力量的注入，让他们发现身边的美，生活中的美，正确看待人生路上的挫折和困难。

最后，创设跨学科学习情境。请结合现实生活，创作一首"抗疫"歌曲，唱出你对疫情中那些感人瞬间的记忆，唱出你对生活的热爱以及对磨难的感悟。

好的情境创设是自然的、和谐的，能与学科无缝衔接，能激发学生学习探究的热情和兴趣。因此，对于情境的选择和创设是实施跨学科学习的基础。

2. 问题是跨学科学习实施的助推器

问题是思维的具体体现，所有的学习都应该从问题开始，问题的质量决定学习的走向和成效。没有问题就没有真实的学习，好的问题不但可以撬动学生的思维，也能给学生指明前进的方向。

跨学科学习设计中的问题大致可以分为三种类型：基础型问题、挑战型问题和驱动型问题。这三类问题与跨学科学习过程中的生理活动、信息加工、思维策略相匹配。

下面以"拍摄《论语》微电影"为例，说明这三类问题的具体应用。

基础型问题主要是在活动实施前对已有知识储备进行评估。这种类型的问题主要指向学习者自身，用以确认自己或团队是否有能力完成跨学科学习。例如，在"拍摄《论语》微电影"跨学科学习的设计中，我在选题阶段提出了三个问题：（1）如果以《〈论语〉十二章》为蓝本，拍一部微电影，你会如何利用文本？（2）你打算拍哪种类型的影片？古装、现代、穿越……（3）理由和依据是什么？这三个问题以文本为起点，把文章内容与跨学科学习任务相连，激发学生的兴趣和完成学习的冲动（生理活动）。同时对学生已有知识储备进行自我评估——与历史学科结合，辩证地看待历史人物和历史事件。

挑战型问题具有一定的难度。无论是个人还是团队，挑战型问题都是完成任务必须跨越的鸿沟。从辩证法的角度看，问题既是难题，也是指引。它能帮助学生明确学习方向，引导学生向未知领域探索。同时对已有信息进行加工处理，通盘考虑，对计划进行反思。例如，在"拍摄《论语》微电影"跨学科学习的设计中，我在规划阶段提出了三个问题：（1）你打算怎样拍摄这部影片？（2）拍摄的过程中你可能会遇到哪些困难及问题？你打算如何应对这些问题？（3）如果需要团队合作，你的团队需要招募哪些人员？这些问题帮助学生在规划阶段做到冷静思考，从而锻炼学生的意志品质。

驱动型问题主要是保障学习任务有序、顺利地推进。它对应的是心理活动的最高层级——思维策略。跨学科学习的实施阶段，学生会面对各种各样的问题，有些问题是可以预见的，有些问题是突发的，这些问题都需要学习者运用合理的策略解决。例如，在实施阶段我提出了：（1）你的剧本是否经过优化？团队是否组建成功？是否对困难有清醒的认识？（2）你是否制订了合理的拍摄计划？（3）有没有在团队里形成拍摄规则？（4）是否有突发情况的预案？这些问题可以引导学生有计划、有条理地做事，让学生充分意识到细节对于成败的作用，进而保障计划能够顺利实施。

以问题为核心的跨学科学习的路径是遵循"发现问题—提出问题—假设问题—解决问题—反思问题"逐步推进的。

3. 创新成果是跨学科学习的目的地

成果是跨学科学习的阶段性"终点"，可以说，没有成果的跨学科学习不是真正的跨学科学习。跨学科学习是创新成果的孵化器。成果以创新为重要的价值取向，它必须体现跨学科学习的特征，自身具有一定的现实意义，同时也要能够供人学习、评价。

（1）体现跨学科学习特征的形式。

跨学科学习有两个明显的特点：一是学科融合；二是弱化学科特征，强调创新与实用。因此，跨学科学习的成果形式符合学科融合的特征。例如，学完《京剧趣谈》，可以开发一个京剧脸谱的文创产品；学完《从百草园到三味书屋》，可以让学生为"游客"介绍一下"百草园"的旅游攻略；学完《中国石拱桥》，可以让学生用几张 A4 纸搭一座"桥"，看看其能承受多少重量。这些成果既体现了学科的融合，又具有一定的创新性。

（2）具有一定的现实意义。

所谓现实意义，就是尽可能地解决一定的实际问题，如"合理使用互联网学习的建议书"就能反映一定的现实意义。成果除了创新，还需强调实用，与中学生的实际生活相连，如文娱产品的开发。创新成果是跨学科学习的目的地，一个成果从无到有，凝聚着个体或团队的汗水与心血，它是付出的所有代价的见证，也是自我与同伴对话、与生活对话、与外界对话的结晶。对于学生而言，它的现实意义与象征意义同样重要。

（3）能评价。

对学生而言，跨学科学习的成果需要被老师和同学看见。当然，一旦学习成果进入大众视野，就需要接受来自外界的学习与评价。跨学科学习非常重视过程，因此成果的展现最好也能反映一定的活动轨迹或者操作过程。既然跨学科学习本身反映的就是创新性学习，那么，对于成果的评价也应该是多元的、开放的。在成果展示的过程中，教师可以组织学生以自评、互评、盲评等形式开展评价，其中包括过程性评价和结果评价两部分。例如"拍摄《论语》微电影"跨学科学习成果的评价就分成了两部分：（1）在跨学科学习的计划阶段，我设计了一个关于剧本可行性的论证评价表（见本章第二节附件1）。（2）在成果展示阶段，我又设计了一个综合性对照评价标准参照表（见本章第二节附件3）。

评价表的设计和使用要结合实际情况。我的观点是，不能受表格的限制，毕竟我们的目的不是开发设计表格，所以不用为了凸显研究的学术功底而在表格上费大力气。但是，对于一般跨学科研究来说，没有表格可能又会缺少一定的理性支撑。

最后，对于跨学科学习，我的态度是可以先在学科内部"跨"，步子不要太大，用学科教学改变师生关系，在班级建立良好的合作学习环境。也可以根据教学需要从学科出发，再回到学科本身。学科本质的研究是学科建设的关键,也是利用学科落实核心素养的不二法门。当然,大家也不用一提到跨学科教学就焦虑。虽然现在有明确的规定要将不少于10%的课时用于跨学科,但也不过是总教学量的10%。对于教师而言,清楚为什么要实践这10%的课程才是关键。课堂形式在改变,课程设计要随之而改变,教学思想和教育理念也要随之而改变。学科学习与跨学科学习是培养核心素养所必需的两种学习方式:学科学习为主,跨学科学习为辅;学科学习是掌握专业知识与技能的起点,跨学科学习则是从学校学习向生活学习迸发的新起点。因为学科学习与跨学科学习在育人目标上是保持一致的。

  叶圣陶先生说"教是为了不教",我认为就现在的教学需要来看,我们的改变恰恰是为了学生不变,保持他们的天真,释放他们的天性。唯有让学生爱上学习,学习才会真实而自然地发生。

第二节
跨学科学习设计案例

下面以"拍摄《论语》微电影"为例介绍跨学科主题学习的课程规划和教学设计。

跨学科主题学习课程规划表

姓 名	程春雨	学 校	上海市建平实验中学	年 级	七年级
跨学科主题学习名称	拍摄《论语》微电影				
跨学科主题学习涉及学科	语文、历史、信息技术				
跨学科主题学习任务	根据部编版语文教材七年级上册《〈论语〉十二章》的学习内容，结合相关史料，开展合理的编排，组建团队，完成微电影拍摄。				
跨学科主题学习目标	1. 结合所学文章内容与历史资料，创作微电影剧本。培养写作、表达、思辨能力，培养辩证地看待历史人物和合理地整合资料的能力。 2. 通过拍摄视频和剪辑制作，提升运用多媒体技术的能力。 3. 通过对儒家经典著作的学习、对孔子及其弟子言行背后的历史事件的了解，在真实的情境中领悟儒家经典的教育意义，体会两千多年前先贤的智慧和德行，感受中华文化的博大精深，提升文化自信力。 4. 通过统筹安排电影的拍摄计划以及具体拍摄任务，潜移默化地将微电影拍摄任务与实际生活相连，提升学生在学习、生活和人际交往时解决问题的能力，培养学生的团队合作精神，初步形成"学习共同体"。				

续 表

课程实施规划		
学习主题任务	实践任务	课 时
选 题	任务1：任务驱动，激发兴趣 创设跨学科学习情境：微电影创作比赛。要求：根据《〈论语〉十二章》的内容，进行改编、创作，用一个月的时间完成拍摄，最终在"微电影大赛"的展示活动中进行评比。由邀请的嘉宾和在场的观众（同学）投票选出最佳编剧、最佳导演、最佳男主角、最佳女主角、最佳摄影、最佳剪辑和最佳美术指导奖。 任务2：头脑风暴，开阔视野 将《〈论语〉十二章》的内容与实际生活或者可能发生在生活中的情况相联系。 任务3：观看视频，学习方法 观看微电影拍摄教学视频，学习微电影拍摄的基本原则和方法。 任务4：独立思考，构思故事 构思故事框架，着手创作微电影剧本。	课时1
规 划	任务5：交流剧本，提出建议 在上交的剧本中，选出几个比较成熟的剧本，围绕故事情节、人物形象、主题表达等方面展开研讨。论证剧本拍摄的可行性，师生共同研究并给出修改意见。 任务6：提出假设，分解问题 提出假设：罗列拍摄时可能遇到的困难。 分解问题：要解决这些困难需要哪些支持，这些支持需要如何争取。 任务7：招募团队，形成合力 由编剧（导演）招募拍摄团队，完成对剧本的最终修改。	课时2
实 施	任务8：分组交流，取长补短 按照不同的职责，分成若干交流小组，如导演（编剧）组、摄像剪辑组、服装道具组、演员组等。每个团队派一名代表，分享团队创作过程中的心得体会，以及现阶段存在的问题和困惑。大家结合自身经历共同讨论，给出解决问题的建议。 任务9：优化电影剧本，制订拍摄计划 分组讨论之后，再回到本剧组，围绕剧本的优化展开讨论。根据各自职责，将拍摄任务分解，并根据时间要求，制订合理的拍摄计划。 任务10：完成拍摄与剪辑 根据剧本要求，选择合适的时间、地点，初步完成电影的拍摄任务。并在规定时间内，完成电影的后期制作。	课时3

续 表

课 时			
总 结	任务 11：微电影展示 按照抽签顺序，播放微电影。导演简单介绍电影的拍摄过程等。 任务 12：评选各个奖项 由邀请的嘉宾和在场的观众（同学）投票选出最佳编剧、最佳导演、最佳男主角、最佳女主角、最佳摄影、最佳剪辑和最佳美术指导奖。 任务 13：发表感言 获奖者上台领奖，并发表获奖感言。		课时 4

跨学科主题学习教学设计

课 时	学习任务	学习目标	重难点	学情分析
课时 1	任务 1：任务驱动，激发兴趣 创设跨学科学习情境：微电影创作比赛。 任务 2：头脑风暴，开阔视野 将《〈论语〉十二章》的内容与实际生活或者可能发生在生活中的情况相联系。 任务 3：观看视频，学习方法 观看微电影拍摄教学视频，学习微电影拍摄的基本原则和方法。 任务 4：独立思考，构思故事 构思故事框架，着手创作微电影剧本。	1.通过头脑风暴，开阔视野，在文本、历史与生活间建立联系，促进自己对文本的深入理解，提升对生活的感悟能力。 2.通过观看教学视频，提升自己从媒体中提炼信息和方法的能力。 3.通过构思故事框架，培养撰写提纲的能力。	重点：建立语文、历史和生活之间的联系。 难点：构思故事框架。	在讲解文章内容时，师生已经对文本做了细致的分析，学生对文本的理解有一定的基础。但是，在文本、历史、生活间建立联系，考验学生对所学知识的实际运用能力，具有一定的挑战性。他们虽然有视频学习的经历和基础，但从视频中提炼方法需要集中精神，认真做好记录，边学习边思考如何将合适的方法引入自己的视频拍摄中，这对学生来说也是一个挑战。学生缺少剧本创作的经验，需要老师介绍剧本创作的基本方法。

续 表

课时	学习任务	学习目标	重难点	学情分析
课时2	任务5：交流剧本，提出建议 在上交的剧本中，选出几个比较成熟的剧本。围绕故事情节、人物形象、主题表达等方面展开研讨。论证剧本拍摄的可行性，师生共同研究并给出修改意见。 任务6：提出假设，分解问题 提出假设：罗列拍摄时可能遇到的困难。 分解问题：要解决这些困难需要哪些支持，这些支持需要如何争取。 任务7：招募团队，形成合力 由编剧（导演）招募拍摄团队，完成对剧本的最终修改。	1.能发现作品中的问题，并给出合理的修改建议。 2.学会将问题前移，做好思想准备，做好应对可能遇到的问题和困难的准备。 3.学会组建和融入团队，并在团队合作中发挥自己的特长。	重点：能正确看待自己和别人的作品，并给出合理的建议。 难点：考虑可能会出现的问题，并做好应对准备。	七年级的学生乐于表达，对新鲜事物充满好奇，但考虑问题不够全面，遇到困难会有退缩的想法。学生有合作学习的经验，这样能使其快速组建或者融入团队。
课时3	任务8：分组交流，取长补短 按照不同的职责，分成若干交流小组，如导演（编剧）组、摄像剪辑组、服装道具组、演员组等。每个团队派一名代表，分享团队创作过程中的心得体会，以及现阶段存在的问题和困惑。大家结合自身经历共同讨论，给出解决问题的建议。	1.学习听取他人的意见，能根据实际情况做出理性判断和选择。 2.学习制订工作计划，落实角色分配和具体拍摄任务。 3.培养团队协作精神，在实践中形成真正的"学习共同体"。	重点：学习制订工作计划，落实角色分配和具体拍摄任务。 难点：培养团队协作精神，在实践中形成真正的"学习共同体"。	有了前面的学习铺垫，学生对这项活动应该是既充满好奇，又带着畏惧。在面对未知情况时，他们可能会有些紧张，但更多的是对拍摄的期待。

续 表

课 时	学习任务	学习目标	重难点	学情分析
	任务9：优化电影剧本，制订拍摄计划 分组讨论之后，再回到本剧组，围绕剧本的优化展开讨论。根据各自职责，将拍摄任务分解，并根据时间要求，制订合理的拍摄计划。 任务10：完成拍摄与剪辑 根据剧本要求，选择合适的时间、地点，初步完成电影的拍摄任务。并在规定时间内，完成电影的后期制作。			
课时4	任务11：微电影展示 按照抽签顺序，播放微电影。导演简单介绍电影的拍摄过程等。 任务12：评选各个奖项 由邀请的嘉宾和在场的观众（同学）投票选出最佳编剧、最佳导演、最佳男主角、最佳女主角、最佳摄影、最佳剪辑和最佳美术指导奖。 任务13：发表感言 获奖者上台领奖，并发表获奖感言。	1.学会欣赏他人的作品，并做出真诚、客观的评价。 2.学习大方得体的表达。	重点：学会欣赏他人的作品，并做出真诚、客观的评价。 难点：学习大方得体的表达。	学生投入了大量的时间和精力，他们很期待最终的成果展示。当然，他们也非常希望自己和自己的团队能够得到别人的认可。

第四章 跨学科教学：探索学科边界，走向课改深处 · 171

跨学科主题学习教学过程

学习任务	实践意图	学生活动	教师组织	学业要求
任务1：任务驱动，激发兴趣	创设情境，激发学生的学习热情，让学生能更快地进入学习状态，更好地进行实践活动。	认真倾听，做好记录。	1.创设跨学科学习活动情境：班级要举行一次微电影创作比赛，根据《〈论语〉十二章》的内容进行改编、创作，用一个月的时间完成拍摄。 2.介绍课程计划与主要任务： 第一阶段：完成剧本。 第二阶段：完善剧本。 第三阶段：制订计划，完成拍摄。 第四阶段：作品展示与评奖。	能认真、耐心地倾听他人讲话，并能抓住要点；能针对自己的困惑和不解，提出问题。
任务2：头脑风暴，开阔视野	通过头脑风暴，开阔视野，在文本、历史与生活间建立联系，促进自己对文本的深入理解，提升对生活的感悟能力。	1.先分组，以头脑风暴的形式罗列出与课文相关联的历史人物、实际生活情况或者可能发生在生活中问题。 2.全班分享，谈自己在头脑风暴中的收获，以及对文章、生活的新认识。 3.生生对话，同学间用点评或提问的方式，对各组交流的内容做进一步的深入思考。	1.在黑板上记录大家的感悟，帮助学生打通文本、历史与生活的障碍。 2.串联学生之间的对话，引发话题互动，拓宽学生的思维。 3.与同学共同研究所提出的问题。	1.能调动已有的知识储备，在讨论中能结合生活实际发表见解，初步融合语文与历史学科知识。 2.讨论问题，能积极发表自己的看法，有中心，有依据，有条理。 3.能通过倾听和记录，捕捉他人发言中的重点。

续 表

学习任务	实践意图	学生活动	教师组织	学业要求
任务3：观看视频，学习方法	通过观看视频，提升自己从媒体中提炼信息和方法的能力。	1. 观看视频教学内容，认真记录关于微电影剧本创作的知识，以及拍摄方法的介绍。例如：微电影的重点是"微"，要想"微"，就必须处理好故事的"头"和"尾"，开头要直奔主题，结尾要简短有力。 2. 提出困惑与问题。 问题预设： （1）剧本有什么特征？ （2）如何把一个故事写成剧本？ （3）如何把多个片段合成一个故事？	1. 播放微电影拍摄教学视频，并提出观看要求：认真记录，提出自己的困惑或问题，组织交流讨论。 2. 给学生补充适当的理论和讲解，针对学生提出的关于剧本创作和电影拍摄的问题，尽可能全面、细致地进行讲解。	1. 能认真观看视频教学，认真记录，并从视频中提炼拍摄微电影的基本方法。 2. 能从观看的视频中受到启发，与实际生活结合，提出自己的困惑与问题。
任务4：独立思考，构思故事	通过构思故事框架，培养自己厘清思路、撰写提纲的能力。	1. 结合前面的讨论以及视频学习的体会，撰写剧本提纲，包括故事梗概、人物形象、与之关联的历史故事等。 2. 将剧本提纲与同伴交流，也可以向语文老师或者历史老师咨询、求助，还可以查找相关史料。	指导剧本框架的编写。 问题引导： （1）确定课文中的哪一章或者哪几章作为故事的来源。 （2）确定故事的类型，是还原历史的"历史剧"还是立足生活的"现代剧"，或是大胆想象的"穿越剧"。 （3）理想中的人物形象与历史人物形象如果出现矛盾，该如何处理？	1. 能梳理、反思自己的语文学习经验，努力提高语言文字的运用能力。能在写作过程中构思立意，列大纲。 2. 能在反思中发现问题，并想办法解决问题。

续 表

学习任务	实践意图	学生活动	教师组织	学业要求
任务5：交流剧本，提出建议	能发现作品中的问题，并给出合理的修改建议。	1. 阅读剧本，小组讨论。根据"剧本论证评价表"（见附件1），分析故事情节的合理性、剧中人物形象与历史人物本身是否吻合等。注意：剧本创作是课下完成，课上讨论大家比较认可的剧本。 2. 能结合同伴的建议，或者老师的建议，进一步修改剧本。	1. 设计剧本论证评价表，包括故事情节、人物形象、台词设计、主题立意以及修改建议等方面。 2. 下发经老师审阅后通过的剧本，提出要求：以小组为单位，围绕剧本论证评价表中的内容展开小组讨论，并完成评价。 3. 对学生所提的困惑给予建议，并进行指导，帮助学生进一步完善剧本。	1. 能自主组织文学活动，在演出、讨论等活动过程中学习合作。 2. 能从史料实证的阅读与学习中，形成对历史正确、客观的认识。 3. 能把握讨论的焦点，有针对性地发表意见。 4. 能根据评价提示做出合理判断，并结合他人建议，完成剧本创作。
任务6：提出假设，分解问题	学会将问题前移，做好思想准备，做好应对可能遇到的问题和困难的准备。	1. 以头脑风暴的形式，罗列在拍摄过程中可能出现的问题。例如，时间、地点、设备、技术支持、道具、服装等客观问题，拍摄态度、中途退出、产生分歧等主观问题。围绕以下两个问题展开讨论： （1）要解决这些困难需要哪些支持？ （2）怎样才能得到这些支持。 2. 各抒己见，根据实际情况给出自己的建议和解决问题的方法。	1. 指出困难和问题假设对于后期计划实施的意义。 2. 组织学生进行头脑风暴，将学生提出的假设罗列到黑板上，引导学生正确看待行动中的问题，以及如何解决这些可能出现的问题。 3. 对学生提出的解决问题的方法给予回应和评价。	1. 能针对学习和生活中的问题，开展跨学科学习，根据需要策划创意活动，从相关学习材料中搜集资料，整合信息，发现解决问题的线索。 2. 能正视困难，并主动想办法解决可能发生的问题。 3. 学习借助团队力量，解决个人无法战胜的困难。

续 表

学习任务	实践意图	学生活动	教师组织	学业要求
任务7：招募团队，形成合力	学会组建和融入团队，并在团队合作中发挥自己的特长。	1. 导演或者编剧组织演员招募活动，提出所需要的演员和剧组工作人员的要求。 2. 积极主动地参加团队招募活动，选择自己喜欢的剧本，找到合适的剧组，在公平竞争中展示自我，赢得拍摄的机会。 3. 完成导演与演员的双向选择，剧组组建完毕。 注意：招募团队活动，根据实施情况，可以选择放在课后完成。	1. 将班级作为剧组招聘的场所，进行区域划分。 2. 宣布活动纪律和时间。 3. 巡视、倾听、维护课堂秩序，指导各剧组完成人员的招募，调节处理特殊情况和突发情况。	1. 能组织一次招募活动，并根据需要选择合适人选。 2. 能在竞争中发挥自己的特长，找到适合自己的角色和职责，并能迅速融入团队。
任务8：分组交流，取长补短	学习听取他人的意见，能根据实际情况做出理性判断和选择。	分组讨论，进一步明确自己的职责任务，集思广益，分享好的想法，彼此间互帮互助，为有问题的同学排忧解难。 具体任务如下： （1）编剧（导演）讨论如何优化剧本、如何让团队成员人尽其用等，发挥最大的合力。 （2）道具组成员要交流道具制作的材料、方法，如何将现有资源充分利用等。 （3）服装设计组成员可以分享拍摄时穿什么样的服装更符合剧情需要、如何给主角设计服装、如何给其他演员搭配服装等。 （4）演员可以相互指导如何背大段的台词、如何更轻松自然地投入角色等。 （5）剪辑人员可以交流剪辑的软件和方法等。	1. 提出讨论问题： （1）作为专职人员，你目前遇到的问题是什么？在参与筹备拍摄的过程中，你曾遇到最大的麻烦和问题是什么？ （2）你是否需要帮助？你是如何解决这些问题的？有什么经验可以分享？ （3）你能否胜任自己的职责？自己的优势是什么？ 2. 给出不同职责的主要任务，要求学生围绕各自任务的落实情况进行分组讨论。 3. 组织不同职责的小组进行讨论，务必使所有专业人员清楚自己的职责。	1. 能认真倾听并能做好记录；能条理清晰地发表自己的观点，分享自己的经验。 2. 能辩证地看待问题，用良好的心态面对困难，用合适的方法解决问题；能与他人建立良好的合作关系，广泛地听取他人的经验。更加清楚自己可能会面临的问题，积累解决问题的经验。 3. 能克服困难，完成自己的职责，在挑战中获得乐趣和自信。

续 表

学习任务	实践意图	学生活动	教师组织	学业要求
任务9：优化电影剧本，制订拍摄计划	学习制订工作计划，组织协调成员，落实角色分配以及具体拍摄任务，保证拍摄活动有序推进。	由编剧（导演）组织，剧组内成员共同制订拍摄计划。具体包括：（1）工作安排和时间节点：①确定拍摄前的各项准备时间，包括道具、服装、剧本准备、后期剪辑和拍摄器械的租借等，明确各项任务准备的时间节点。②确定拍摄时间。如果是一天完成，要落实到具体的时段；如果是几天完成，要提前空出时间。③选好拍摄地点，如果有多个场景，需要提前做好预约工作。④后期剪辑的时间安排。（2）责任分工，落实到具体人员，明确职责。制订特殊情况的处理预案，如堵车迟到、临时有事不能参加拍摄、演员决定退出拍摄等。（3）团队成员协商拍摄规则，并自觉遵守。	1.提出微电影的拍摄具体要求：（1）保证音质，最好使用话筒，在相对安静的环境中拍摄。（2）调制好灯光，不要出现逆光和强光照射的情况。（3）视频分辨率720×576及以上。（4）视频时间为3~5分钟。（5）拍摄时不要晃动，保持平稳。（6）按照要求的时间节点，将视频发送到指定邮箱。2.指导学生完成拍摄计划的制订，以及特殊情况的处理预案。3.指导学生制定拍摄规则。	1.能团队协作，制订拍摄计划，在拍摄前把资源整合完毕。2.能遵守约定，发扬契约精神。3.能按要求完成拍摄任务，完成自己的职责，发挥自己的作用。
任务10：完成拍摄与剪辑	培养团队协作精神，在实践中形成真正的"学习共同体"。	导演与剪辑人员共同商议完成剪辑与后期制作，并按要求上传视频。注意：此任务是课后完成。	接收视频，下载汇总，并逐一观看，做好审查。如果发现视频拍摄或剪辑不符合要求，需要与相关责任人沟通解决。注意：此任务是课后完成。	能相互配合，协作完成任务，在规定时间内完成并上交作业。

续 表

学习任务	实践意图	学生活动	教师组织	学业要求
任务11：微电影展示	展示成果，学会欣赏他人的作品，并做出真诚、客观的评价。	1. 主持人介绍入围影片。 2. 按顺序播放影片。 3. 欣赏影片。 4. 导演简单介绍电影的拍摄过程。	作为评委，与同学们一起观看成果展示。	能完成微电影的拍摄并将拍摄的作品展示出来。
任务12：评选各个奖项	为学生搭建展示的平台，给予学生一定的肯定和奖励，让学生学会公正、客观地评价他人。	根据评选要点提示，投票选出理想的获奖者，每张选票限投一个奖项。	1. 下发"最佳奖项提名表"与"最佳提名评价标准参照表"（见附件2、附件3），宣读评比要点。 2. 宣读获奖影片与各项奖项名单，并为获奖者颁发奖状、奖品。	1. 能对他人的作品给予公平、公正的评价。 2. 能欣赏他人的作品，在精彩处给予掌声鼓励。
任务13：发表感言	学习大方得体地表达自己的想法和感受。	1. 主持人主持颁奖典礼。 2. 获奖者发表感言。 注意：发言要简短，控制好时间。	总结整个活动： （1）对所学知识的迁移运用。 （2）跨学科的学习尝试。 （3）合作学习的收获和克服困难的经历。 （4）对于日后学习的希望。	1. 能流畅、清晰地发表获奖感言。 2. 能总结自己在活动中的表现，有感恩之心，感受中华传统文化的博大精深，提升文化自信。

附件 1

剧本论证评价表

评价内容	评价要点	评价等级			
		好	较好	一般	差
故事情节	1. 合理性； 2. 曲折性； 3. 逻辑性； 4. 与课本的融合度。				
人物形象	1. 与历史人物原型符合程度； 2. 形象有无个性。				
台词设计	1. 能否为人物形象服务； 2. 能否服务主题。				
主题立意	1. 主题是否清晰； 2. 对课本内容的理解是否深刻。				
修改建议					

附件 2

最佳奖项提名表

提名影片	
提名奖项	
提名理由	
提名人	

附件 3

最佳提名评价标准参照表

评价对象	导演（编剧）	角色	摄影（剪辑）
评价标准	1. 正确理解《〈论语〉十二章》的主题； 2. 情节曲折，吸引观众； 3. 学科融合娴熟自如； 4. 人物形象符合史料。	1. 表演投入，情感饱满，自然大方； 2. 对角色的诠释既有自己的理解演绎，又贴合历史人物的本真。	拍摄（剪辑）技术娴熟，影片自然流畅。

后　记

《语文课堂深度修炼》是我的第二本书，从动笔写到交稿历时三年。在这三年里，我一边上课，一边思考，有想法了就动笔写一篇。在我写这本书之前，我就做好了这样的打算：不复制第一本书（《研究型教师的成长力量：经典文本解读与高品质教学》）的写作思路——以文本解读为线索，串联了教学设计、教学实施以及课后研讨几部分内容，而是把我对教学的思考提炼出来，形成方法乃至方法论，并且能在教学中实践落地。因此，书中的每一章都有理论与实践的结合。理论部分主要以我对教学中的某些热点问题的思考和理解为主，实践部分则是以具体的课例诠释我提炼出来的方法。

这本书让我对教学有了更为深刻且清醒的认识：语文教学不能凭感觉、靠经验，而应该逐步走向理性，走向科学。一线教师要有自己的教学观，要构建自己的教学方法论。只有在学理上先站住脚，才能在实践中底气足。这与作家在创作文学作品时一样：要么有自己的创作理论，要么在践行着别人的创作理论。教师也要有这种意识，无论是文本解读，还是教学设计、教学实施，都要建立在理论的基础上。没有理论支撑的教学，就像"墙头草"，在被人质疑或者诟病时，往往会有迷茫之感。有了理论的支撑，在做教学设计和教学时也就有了明确的指向和清晰的路径。这样才能在别人提出疑问与建议时，辩证地吸收而不是盲目地依从。

加缪说："洞察力既造成他的痛苦，同时也促成了他的胜利……有些日子行走在痛苦里，也有可能走在欢乐中。"可以说，在写这本书的时候，我曾无数次地经历自我否定的痛苦，但每当我提炼出一种方法时，又是快乐的。因此，这本书不但记录了我的语文课堂深度修炼的历程，更是我经历痛苦的见证。

现在，我把自己的成长历程分享出来，就是希望每个老师都能成为一个能洞察教学之苦，并从研究中获得幸福与快乐的老师。

最后，我要感谢华东师范大学出版社北京分社的杨坤老师和薛菲菲编辑，感谢她们为这本书付出的辛苦和努力；也感谢我所带的两个班级的 80 位学生，他们一直是我前进的动力。

程春雨

2024 年 1 月

图书在版编目（CIP）数据

语文课堂深度修炼 / 程春雨著. —上海：华东师范大学出版社，2024.
— ISBN 978-7-5760-5146-9

I. G633.302

中国国家版本馆 CIP 数据核字第 20241YP208 号

大夏书系 | 语文之道

语文课堂深度修炼

著　　者	程春雨
策划编辑	杨　坤
责任编辑	薛菲菲
责任校对	杨　坤
封面设计	淡晓库

出版发行	华东师范大学出版社
社　　址	上海市中山北路 3663 号　邮编 200062
网　　址	www.ecnupress.com.cn
电　　话	021-60821666　行政传真 021-62572105
客服电话	021-62865537
邮购电话	021-62869887
地　　址	上海市中山北路 3663 号华东师范大学校内先锋路口
网　　店	http://hdsdcbs.tmall.com/

印 刷 者	北京密兴印刷有限公司
开　　本	700×1000　16 开
印　　张	12
字　　数	158 千字
版　　次	2024 年 7 月第一版
印　　次	2024 年 7 月第一次
印　　数	5 100
书　　号	ISBN 978-7-5760-5146-9
定　　价	59.80 元

出 版 人	王　焰

（如发现本版图书有印订质量问题，请寄回本社市场部调换或电话 021-62865537 联系）